解码青春期
女孩大脑

[日]有田秀穗 著

边大玉 译

中信出版集团 | 北京

图书在版编目（CIP）数据

解码青春期女孩大脑 /（日）有田秀穗著；边大玉
译 . -- 北京：中信出版社，2025.3. -- ISBN 978-7
-5217-7127-5

Ⅰ. G479

中国国家版本馆 CIP 数据核字第 2024PL0833 号

「思春期の女の子の気持ちがわかる本」
© Arita Hideho 2011 All rights reserved.
Originally published in Japan by KANKI PUBLISHING INC.
Chinese (in Simplified characters only) translation rights arranged with KANKI PUBLISHING INC.,
through YOUBOOK AGENCY, CHINA
Simplified Chinese translation copyright © 2025 by CITIC Press Corporation
ALL RIGHTS RESERVED

本书仅限中国大陆地区发行销售

封面使用原书第 41 页图片

解码青春期女孩大脑

著　者：［日］有田秀穗
译　者：边大玉
出版发行：中信出版集团股份有限公司
　　　　（北京市朝阳区东三环北路27号嘉铭中心　邮编　100020）
承　印　者：北京盛通印刷股份有限公司

开　本：880mm×1230mm　1/32　　印　张：5　　字　数：90千字
版　次：2025年3月第1版　　　　　　印　次：2025年3月第1次印刷
书　号：ISBN 978-7-5217-7127-5
定　价：35.00元　　　　　　　　　　京权图字：01-2024-5572

版权所有·侵权必究
如有印刷、装订问题，本公司负责调换。
服务热线：400-600-8099
投稿邮箱：author@citicpub.com

前言

"真好啊,女孩子多好带啊。"

如果是女孩的妈妈,或多或少应该都会从周围人的口中听到过类似的说法。与男孩相比,女孩确实更为乖巧懂事,而且也不会惹出太大的麻烦。

然而,在青春期开始之后——

大约 9~10 岁的时候,正式步入青春期的女孩往往会出现一些与以往的乖巧懂事判若两人的行为。站在父母的角度来看,女儿的言谈举止常常会让他们感觉孩子"突然像个大人了"。

面对自己的宝贝女儿,父母苦口婆心地提出了很多的建议,孩子却也只是淡淡地"嗯"了一声敷衍了事。但是在和朋友聊天的时候,她们却判若两人,总是兴高采烈地聊得火热。女儿的情绪时好时坏,和不同的人说话的态度截然不同。看着孩子身上出现的这些变化,妈妈们往往会发出这样的感慨:"真是搞不懂女儿的心思。"

尽管大多数时候母女之间依然可以心有灵犀，但是很多妈妈却开始在不知不觉间感受到自己与女儿逐渐疏远。同为女性，养育女儿时自然不会像养育儿子那样简单地认为"搞不懂儿子的心思理所当然"，但是女儿的心思有时真的会让妈妈感到捉摸不透。这种捉摸不透的感觉带来的焦躁不安甚至会让妈妈们沮丧，怀疑是不是自己在养育方式上做错了什么。

出现这样的情况，原因到底在哪里呢？

近年来，脑科学领域的研究表明，大脑会对我们的情绪产生影响。事实上，步入青春期的孩子之所以会让人觉得情绪难以捉摸，同样也与大脑的变化息息相关。

不仅如此，当孩子还在妈妈肚子里的时候，有关青春期情绪变化的生理基础准备工作其实就已经开始了。

在我看来，这也正是女孩在步入青春期之后心思变得令人难以捉摸的原因之一。女儿变得难以理解，绝非是因为妈妈管教不严，更不是因为孩子本性恶劣。

事实上，大脑中发生的变化决定着女孩在青春期这一阶段的思考方式和行为习惯。搞清了大脑生长发育的规律，家长就能轻松愉快地陪伴孩子一起度过青春期的成长。

另外,尽管本书中提到了"心思"和"情绪"两个概念,但是二者之间并没有严格的区别。

2011年11月

目录

第一章

还在妈妈肚子里的时候,女性的特质便已初具雏形

002 伴随着呱呱坠地的第一声啼哭,女性的特质就已经具备

004 为什么女孩大多喜欢说话?

010 主导青春期情绪变化的幕后推手——性激素

014 女性特质的决定部位其实就在额头

018 理解"情绪的表象",棘手的青春期同样能够平安度过

第二章

脑科学帮你读懂女孩的行为模式

024 决定女孩性格特质的脑内神经递质"血清素"到底是什么?

028 前额叶的四大重要职能——共情脑、奋进脑、专注脑、调节脑

036 为什么女孩的共情脑较为发达,而男孩的奋进脑更为突出?

040 女孩擅长自我调节,能够迅速调整好自己的情绪

043 难题1 交不到要好的朋友,感觉自己好像被孤立了

答:可能这样的孩子是多巴胺类型的女孩

050 难题2 考试成绩不理想,女儿总是郁郁寡欢,提不起精神

答:作为父母,首先要放下这种多巴胺式的价值观

054 难题3 会在意自己的头发为什么不够蓬松,并对样貌表现出过分的关注

答:这表示孩子开始萌生出了女孩特有的好胜心

059 难题4 女儿似乎是失恋了,一直在哭个不停

答:考虑到眼泪对于情绪转换的推动作用,不妨就让孩子哭个痛快吧

062 难题5 明明是能力很强的孩子,却怎么也打不起精神

答:聊一聊学习的意义,激发孩子形成多巴胺式的价值观

第三章

脑科学帮你读懂女孩的情绪变化

068　成绩优异的女孩身上有着某种特质？

073　在与朋友相处的过程中逐渐获得与人共情的能力

078　青春期的孩子为什么能够一眼看穿大人的"谎言"

082　伴随着月经初潮的来临，前额叶的四大重要职能开始灵活分工

086　难题6　本希望女儿能够独立自强，却发现孩子总是喜欢和朋友待在一起

　　　答：女孩在进入青春期后，会发自内心地寻求一种人与人之间的情感纽带

088　难题7　毫不客气地对母亲"评头论足"

　　　答：孩子希望自己最亲近的人能够漂漂亮亮的

091　难题8　最近总是会因为一些小事和女儿争论不休

　　　答：孩子能够看穿父母的敷衍，我们要学会对孩子说真话

095　难题9　无缘无故地对父亲心生厌烦

　　　答：女孩开始疏远爸爸，其实是受到了青春期激素的影响

第四章
养成良好的日常习惯，平复女孩的起伏情绪

100 提高大脑活性有利于女性特质的培养

106 有效的夸奖和鼓励能够提升孩子的拼搏能力

110 学会让孩子自己设定目标，尤其不要让他们感觉自己是被逼着往前走的

112 早睡早起、户外运动和肌肤接触，都能够大大促进血清素的分泌

119 就算孩子已经长大了，肌肤接触也是十分重要的

124 培养孩子的专注能力时，切记不要大包大揽、面面俱到

128 合成血清素时必不可少的三大营养物质

第五章
不利于女孩青春期成长的误区

132 不要因为上学就让孩子"胡乱对付两口"

136 凡事要求尽善尽美的反效果

140 跳出"完美父母"的怪圈

144 父亲角色的缺失对女孩产生的影响

第一章

还在妈妈肚子里的时候，女性的特质便已初具雏形

伴随着呱呱坠地的第一声啼哭，女性的特质就已经具备

刚生下来的小婴儿还不会说话，仿佛白纸一般纯洁无瑕。也许很多人以为，孩子的性格是在出生之后才开始形成的。

正如我们所知道的那样，当孩子还在妈妈肚子里的时候，其身体结构就已经出现了性别上的差异。但是很多人都觉得，孩子们在胎儿阶段的情感与性格应该都相差不太多，只有在呱呱坠地之后，那些性别所带来的内在差异才会在成长过程中显露出来。

事实上，男孩与女孩的性格差异形成的时间与胎儿生殖器官形成的时间大致相同。

在怀孕 3 个月的时候，伴随着胎儿大脑内中枢神经系统的飞速发育，男孩与女孩开始形成各自特有的神经系统，性别上的内在差异也随之显现出来。

对于女孩来说，在发出第一声啼哭的时候，她们其实就已经具备了女性的特质。

怀孕3个月时，胎儿体长为8厘米左右，大人的手掌上就能放下。这时准妈妈的肚子还不太明显，B超检查也只能大体分辨出孩子的头和躯干，到底是不是女孩仍无从知晓。

不过，此时孩子的大脑已经开始发育，女孩也会逐渐开始拥有女性的特质。

为什么女孩大多喜欢说话？

既然还在妈妈肚子里的时候，女孩就已经具备了女性的特质，那么男孩与女孩在性格上存在哪些具体的区别呢？

事实上，这些区别都可以从决定性格形成的脑结构上一窥究竟。

通常来说，女孩的脑要比男孩的略小一些。男孩与女孩不仅在脑容量上存在些许差异，他们下丘脑的"性中枢"大小也不尽相同。

说起脑，就不得不提到一个重要的部位下丘脑。下丘脑是位于脑中的一个重要的神经中枢。

下丘脑里分布着许多重要的神经细胞，这些神经细胞与食欲、性欲、睡眠以及调节体温等功能息息相关。此外，下丘脑中的性中枢可能与男孩女孩在某些行为倾向上的差异有关，而且从大小来看，女孩的性中枢要偏小一些。

语言神经发达，有利于形成亲密的人际关系

男孩与女孩在脑结构上的差异不仅表现在大小上，连接左脑与右脑之间的胼胝体也存在区别。事实上，这是女性特质形成的奥秘所在。

胼胝体是连接左脑与右脑的神经纤维束。借助胼胝体的传导，左脑与右脑之间频繁交换语言、视觉等各类信息。

我们可以简单地将胼胝体理解为连接左右脑的一座桥梁。

从胼胝体的大小来看，女孩的胼胝体要比男孩的更大一些，也更粗一些。

有研究认为，胼胝体的粗细与其传导的信息量相关。胼胝体越粗，传导的信息量也就越大。一般说来，女孩的语言能力和沟通能力都更发达，而且也更容易观察到一些细小的事物，一个可能的原因就是女孩的胼胝体更粗，可以交换更多的信息。

人们普遍认为女孩大多"喜欢说话""心思细腻"，这同样可能是因为粗大的胼胝体会使左右脑的交流更为顺畅，在

沟通时能够充分调动大脑，让整个大脑协同运作。

那么，胼胝体相对较细的男孩有什么特点呢？

或体现为沉默寡言，或有些粗枝大叶。这些行为特征，一定程度上与负责信息传导的胼胝体较细有关。

从这一角度来说，男孩与女孩的特质其实早在胎儿时期就已经在脑中有所体现。这些特质并没有优劣之分，只是脑结构的细微差异带来的不同表现罢了。

女孩做事大多比较细致，而且往往擅长收纳与整理，比如能够将房间打扫得非常整洁，笔记做得非常认真，等等。与此相对，男孩一般不拘小节，不太擅长收拾琐碎的东西。男孩与女孩的这些行为特征与脑结构之间的关系，我们也可以通过下面这个实验一探究竟。

胼胝体在这里！

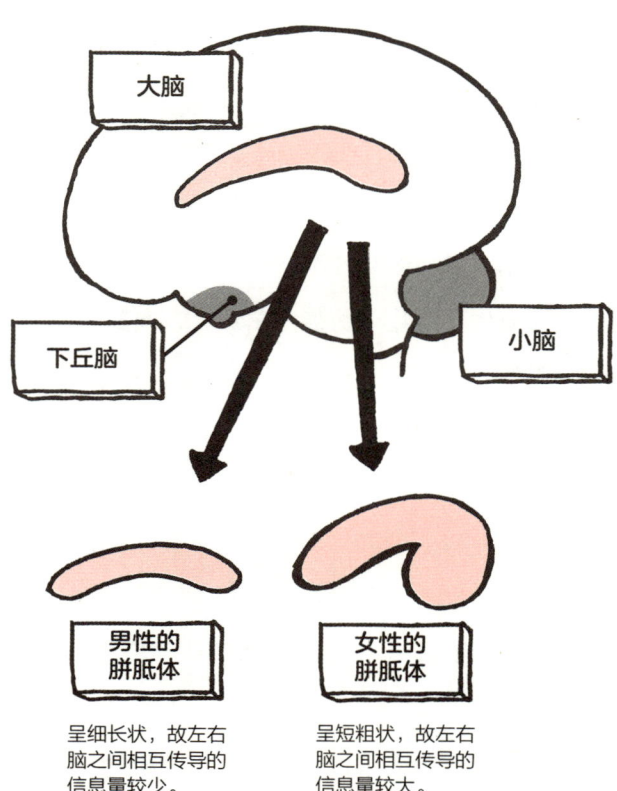

大脑

下丘脑

小脑

男性的胼胝体

呈细长状，故左右脑之间相互传导的信息量较少。

女性的胼胝体

呈短粗状，故左右脑之间相互传导的信息量较大。

情感及行为等方面的性别差异，原来竟传承自狩猎时代？

将许多物品随意摆放在某个大房间之后，实验人员分别请若干男性和女性粗略观察一下房间的大致情况，然后再将他们带到其他房间稍作等待。在此期间，实验人员会调整大房间内某些物品的摆放位置，或者将其中一些物品拿出房间，然后将参与实验的人员再次请回大房间观察。

结果显示，参与的女性都能敏锐注意到并正确指出某些东西的位置发生了变化或者被人拿走了，而参与的男性却大多对此一无所知。

这种差异并不是由每个人的性格差异造成的，其根源其实是脑的性别差异。曾因"男性大脑与女性大脑"的相关研究而广为人知的加拿大莱斯布里奇大学的黛博拉·索西亚博士表示，造成不同性别行为差异的原因，可能就在于原始狩猎时代所培养出的大脑特性上。

在原始时代，为了维持生活，外出狩猎的任务主要由男性负责完成。而女性则肩负起了哺育孩子及守护家庭的责任。为了在有限的空间里更好地完成家务，也为了让整个家庭生活得更为舒适，家里的物品就需要得到合理的放置。因此，女性便具备了细心整理的能力，而且也能够迅速地找到某个物品所在的具体位置。

对于翻山越岭追赶猎物的男性来说，他们无须提升自己在有限空间内进行收纳整理的能力，反而更需要学会精准定位和导航，同时也需要相对粗犷的性格和出色的运动能力。

伴随着人类的不断进化，这些为了生存所必需的能力在漫长的岁月中镌刻进了子孙后代的大脑，整理收纳的能力也因此深深地扎根在了女性的基因之中。

虽然索西亚博士的研究结论只是一种假说，但大多数女性确实具有关注细节、喜欢干净、擅长整理等特点。

主导青春期情绪变化的幕后推手——性激素

如前所述，女孩在情绪和行为上的特质早在妈妈怀孕 3 个月的时候就已经初具雏形。事实上，这种性别差异的形成还有一位幕后推手。

这位幕后推手其实是一种激素，但这种激素并不是由孕妈妈提供给胎儿的。事实上，这种性激素是胎儿自己分泌的。

看到这一结论，恐怕大家都会感到有些意外。毕竟提到性激素，人们往往觉得其分泌时间应该是从青春期到壮年期这一生命活动旺盛的时期。

但是在怀孕的早期阶段，胎儿其实就已经开始分泌性激素了，而且性激素对胎儿的性格发育也产生了极其重要的影响。

除此之外，还有一个令人震惊的事实，而且这个事实鲜为人知，那就是胎儿大脑的基本形态其实是"女性的大脑"。在胎儿发育的极早期，不管染色体表达出来的性别是男是女,所有的胎儿拥有的都是女性的大脑。

等到胎儿发育到一定的阶段,男性与女性才会开始出现性别的分化,而且这一性别分化的密码是掌握在男性手中的。

在胎儿早期阶段决定性别发育的一大关键

早在受精后第 7 周左右,男性胎儿的睾丸便初具雏形,开始合成并分泌雄性激素。在受精后第 15~20 周,雄性激素的分泌会短暂激增。

这样一来,大量的雄性激素便开始对胎儿的身体和大脑产生影响。这些激素不仅会刺激男性生殖器官的形成,而且还会促使女性的大脑转化为男性的大脑。大脑的这种"性别转换",也奠定了男女性别的发育基础。

我们再来看看女孩的发育会有什么不同。事实上,与大脑的情况类似,男女胎儿生殖器官的基本形态其实也都是女性的。如果没有雄性激素的刺激,大脑和生殖器官便不会发生变化,而是按照原有的女性形态继续发育。

换一种不太严谨的说法,如果我们任其自然发展,胎儿会继续形成女性的特质。但正是因为有了雄性激素的干预,大脑内部出现了巨大的转变，男性生殖器官和男性的特质也会随之出现。

当胎儿时期因为某些原因雄性激素分泌不足时，尽管胎儿同样也具备完整的精巢，但是由于没有大量雄性激素的刺激，胎儿仍会保留一定的女性特质。

相反，如果胎儿体内原本并不需要雄性激素，但是肾上腺皮质却分泌出了与之类似的物质，那么胎儿就会表现出男性特质。

在性激素——正确来讲应该是雄性激素的作用下，性中枢和胼胝体等部位开始出现差异，男性特质与女性特质也分别写进了胎儿的体内。

正因如此，在孩子出生以后，即便没有人教，女孩也会自然而然地做出一些"一看就是女孩"的举动。

喜欢涂鸦和过家家，同样也是由性激素所决定的

女孩往往喜欢精致漂亮的小物件，她们总是会收集一些亮闪闪的贴纸，而且大多也喜欢涂鸦，和小伙伴热火朝天地

讨论扮演什么角色，然后再一起美美地玩一玩过家家的游戏。每个时代的女孩都一样。

相反，男孩大多活泼好动，喜欢出门玩耍。由于身上还保留着原始狩猎时代残存下来的攻击性，所以男孩们往往热衷于打仗的游戏，而且还会非常在意游戏的输赢，一旦失败便会放声大哭。

有些女孩恐怕无法理解为什么男孩会为游戏的结果抽泣不停。她们站在一旁满脸惊讶的样子，相信你应该也曾目睹过吧。

从幼儿时期开始，男孩与女孩在做游戏的方式和感兴趣的内容上就表现出了极大的不同，而这也是因为他们在出生时大脑的构造和功能便已经有所区别了。

女性特质的决定部位其实就在额头

如前所述,男孩与女孩在行为上的不同特质其实是由大脑内部的不同所决定的。那么,究竟是大脑的哪个部位掌管着这一变化呢?在此,我们先来简单介绍一下大脑的具体构造。

人脑可以粗略划分为大脑、间脑、小脑和脑干四个部分,其中又以大脑担负的功能最为繁多。此外,大脑还可以继续细分为几个不同的区域,每个区域所掌管的职能也不尽相同。

在我们的大脑中,除了有感知视觉的枕叶、感知听觉和记忆的颞叶、感知身体感觉的顶叶之外,还有一个位于最前方的部分,即额叶。

大脑各个区域的不同职能

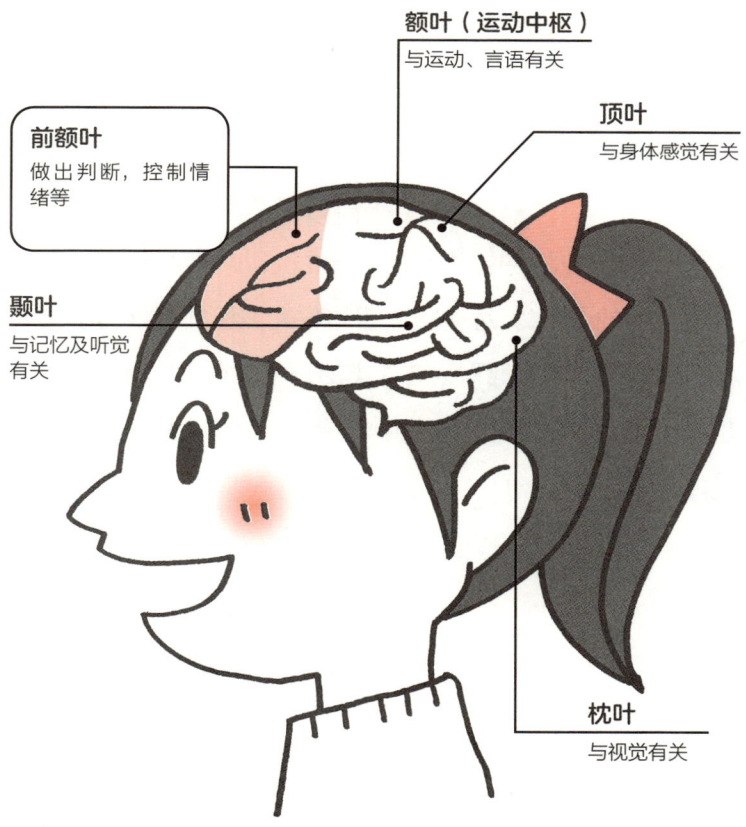

其中，额叶的前半部分（额头附近）又被称为前额叶。前额叶是额叶中最为重要的组成部分，主要负责做出判断和调节情绪等功能。作为人类大脑中极为特殊的组成部分，这一区域与人格的形成息息相关，因此也被称为"大脑中的大脑"。

我们常说的一个人在情绪和行为上反映出的本性，其实就是通过前额叶表达出来的。

前额叶在人脑中占据着重要的位置，其面积约为人类大脑皮质的 30%。对于脑部活动与人类极其相近的猿类来说，它们的前额叶面积只有人类的一半左右。由此也可以看出，前额叶确实是人类大脑中的特殊部位，直接影响着认知功能。

前额叶的功能不同，造成了不同性别之间思考方式的不同

影响男性与女性思考方式的，正是大脑中的前额叶。

由于前额叶掌管着喜怒哀乐，而性激素能够对大脑多个区域产生影响，其中就包括前额叶。这些区域受到性激素的

作用后，在神经连接、神经递质分泌等方面产生差异，进而在一定程度上促使了男性与女性不同特质的形成。

如前所述，女性大多善于沟通，喜欢与大家友好相处，而男性则较为好动，喜欢迎接不同的挑战，更善于在某一领域深耕。这些性别差异，其实就是前额叶的差别造成的。

与此相对，由于性激素对于颞叶和枕叶等部位的影响微乎其微，所以男性与女性的生长过程还是大体相同的。

前额叶的差别造成了不同性别之间在思考方式和行为方式上的差异，并且这种差异早在胎儿时期便已经深深镌刻在了孩子的大脑之中。从这一点来看，生命的神奇与精妙着实令人惊叹。

理解"情绪的表象",棘手的青春期同样能够平安度过

待孩子长到 10 岁左右,女孩便会迎来人生中的一个重大变化期。说起这个年龄段的孩子身上出现的变化,相信大家应该已经有所察觉。

是的,这便是青春期。

如果您家里正好有孩子在读小学高年级或者初中的话,下面这些表现是不是会觉得有些似曾相识呢?

"孩子变得很叛逆,说翻脸就翻脸了。"

"跟她说话也爱搭不理的。"

"总是嫌父母烦。"

对于女儿正处在青春期的父母来说,望着眼前这个和小时候判若两人的女孩,往往左思右想也猜不透孩子的心里正在想些什么,只感觉自己与孩子渐行渐远,愈发生疏了起来。

特别是对于女孩的父亲而言,似乎父女关系要比孩子与母亲的关系更为疏远,心里也会感到更加困惑不解。

在生理上逐渐走向成熟的同时，思考方式也会变得更为女性化

有人认为，青春期的孩子之所以让人感到头疼，其实是由于飞速发育的身体与心理之间的失衡导致的。事实上，大脑发生的变化才是造成这种失衡的根源所在。

进入青春期后，性激素的分泌会突然急速增加，而这也使得女孩在 10～11 岁、男孩在 11～12 岁左右出现第二性征。

在这一阶段，女孩脸上的稚气逐渐褪去，身高飞速增长，胸部逐渐隆起，并迎来月经初潮。而男孩则会出现胡须，开始变声，体格也会变得高大健壮起来。

随着这些生理变化的出现，他们在心理上也会迎来巨大的变化。

如前所述，性激素能够对前额叶产生影响。进入青春期后，性激素异常活跃，在促进第二性征出现的同时也极大地刺激了前额叶的发育，从而最终导致女孩与男孩在思考方式和行为方式上的差异愈发显著。

大脑自胎儿在母体内生长时便已经成型，而且在孩子

长大成人的过程中，有很长一段时间并不会发生太大的变化。但是一旦进入青春期以后，男女性别上的差异就会瞬间凸显出来，女孩的行为举止和情绪态度也会更加具有女性的特质。

考虑到青春期的孩子大脑中发生了重大变化，父母对于这一时期的孩子感到束手无策是很自然的事情，父母与孩子的相处方式需要做出相应的调整。

特别是对于家有青春期女孩的父亲们而言，在这一阶段，女孩们的情绪状态可能比较复杂，父亲们自己也可能会感到内心空落、满心困惑。从脑科学角度分析，青春期女孩表现出冷淡和不耐烦的情绪，是非常自然的现象。这些情绪表现，实际上就是我们所说的女孩的"情绪表象"。

另外，虽然母亲和女儿都拥有着女性大脑的特质，但是母女间的争吵和冲突也可能会愈演愈烈。

虽然说起来有些难过，但是无论在什么样的家庭，父母终有一天会感到自己与孩子之间拉开了距离，而这也是无法避免的。

站在脑科学的角度洞察孩子的心理，轻松避开青春期的狂风暴雨

如前所述，性激素能够对大脑多个区域产生影响，并对孩子的情绪和行为产生影响。事实上，这一研究在脑科学领域得到证实，其实也不过是短短 30 年前的事情。

在此之前，人们一直认为性激素是影响男性及女性生理发育的一种物质。在长期不懈的研究之后，科学家们终于发现了大脑中"激素受体"的存在。

所谓激素受体，是指能够与激素结合的一种特殊的细胞结构，我们也可以将其理解为是一种接收激素的专用容器。

当激素大量分泌时，激素受体便能够将这些激素收集起来，从而使得这些激素能够准确作用于受体所在的部位。

这一过程我们会在后续内容中更为详细地说明。总而言之，正是得益于这些与性激素相关的医学佐证，我们现在才能够基于脑科学的研究事实针对育儿展开讨论。

为了顺利度过青春期这一阶段，孩子的大脑中会出现什么样的变化呢？如果碰巧您是一位女孩的母亲，不妨试着回

忆一下自己的青春期，通过这种横向的对比来感受一下女孩的变化过程。

当然，如果我们能够站在脑科学的角度重新观察孩子的心理，自然会得到很多"读懂孩子心理的线索"，而且这些线索很可能是父母此前从未注意到的。

就算您觉得"我家孩子离青春期还早"，我还是建议您不妨现在先深入了解。这样一来，等到孩子身上出现细微变化的时候，您也能够沉着应对，避免许多无谓的焦虑。

第二章 脑科学帮你读懂女孩的行为模式

决定女孩性格特质的脑内神经递质"血清素"到底是什么？

在这一章中，我们将从脑科学的角度出发，针对女孩在青春期这一阶段大脑中发生的变化展开具体的论述。

正如上文中所说的那样，由于受到性激素的影响，10岁出头的女孩开始逐渐在想法和情绪上展现出女性的特质。而女性特质的显现是激素作用于大脑内神经递质所造成的结果。

让我们先来简单地了解一下神经递质的定义。

众所周知，大脑内存在数量庞大的神经细胞，而且细胞之间会通过像树枝一样向外延伸的突触进行频繁的信息传递。

负责传递这些信息的，便是我们所说的神经递质。

要想读懂女孩的情绪，首先就要知道什么是"三大神经递质"

在影响男女大脑差异的众多神经递质中，"多巴胺""去甲肾上腺素""血清素"是我们首先需要了解的三种物质。

多巴胺是一种与精神活力息息相关的神经递质。在第二天有课堂考试或钢琴演出时，多巴胺能够刺激大脑产生"想要争取第一""想要表现完美"的进取心理，并在努力拼搏之后获得一种令人心情愉悦的快感。

除了学习、运动和竞赛等存在竞争关系的项目以外，玩耍或者给别人帮忙等日常生活中的场景也同样能够刺激多巴胺的分泌，并在多巴胺的作用下使人开始着手付诸行动。

与此相对，去甲肾上腺素则会在人体感知到压力的时候释放出来。例如在车流量较大的街道上穿行时，又或是在马上面临升学考试的时候，去甲肾上腺素的分泌会使我们的大脑瞬间清醒，精神高度紧张，心率迅速提升，从而极大地提高了大脑的注意力和专注力。

虽然多巴胺和去甲肾上腺素都是人体不可或缺的物质，

但是某些情况也可能会导致这两种神经递质分泌过多。

正所谓凡事有度，过犹不及，一旦多巴胺分泌过多，大脑就会陷入极度兴奋的混乱状态，而去甲肾上腺素分泌过多时，大脑则会因为高度紧张而陷入极度恐慌。

为了避免这种情况的发生，便有了血清素。

血清素的作用之一，是让多巴胺和去甲肾上腺素的分泌量保持在适当的平衡状态。在血清素这一神经递质的帮助下，大脑能够根据周围的环境做出反应，有效避免了极度兴奋和极度压抑的情况，从而大大保证了大脑情绪的稳定性。

血清素对女孩的作用较大，多巴胺对男孩的作用较大

虽然三大神经递质在人体内都有分泌，但是血清素对女孩的作用较大，而多巴胺则对男孩的作用较大。

之所以会出现这样的现象，是由于性激素的影响。

事实上，血清素容易与雌性激素发生联动，而多巴胺则容易与雄性激素发生联动。在进入青春期以后，女孩体内开始大量分泌雌性激素，血清素的分泌量也会显著提高。

如前所述，血清素能够维持情绪的平和与稳定。伴随着血清素的大量分泌，女孩会散发出一种平稳柔和的气质，而且还会非常在意与周围环境的和谐共处。因此，女孩也会表现出避免纷争、喜欢社交、关心他人等特点。

当我们感受到女孩身上流露出像大姐姐一样的女性特质时，应该就是看到了女孩表现出的这些行为倾向吧。

女孩大多喜欢平和稳定的环境，所以在与朋友交往时往往也会表现得更为亲密。据说现在日本小学高年级的女同学之间似乎很流行互相交换记录着自己生日和爱好的"同学录"，而很久以前的日本女孩们则喜欢通过交换日记的形式来加深友谊。然而无论上述哪种沟通方式，在男孩之中却都是十分罕见的。

女孩所特有的这种渴望加深彼此间纽带的交友模式，正是血清素带来的结果。

前额叶的四大重要职能——共情脑、奋进脑、专注脑、调节脑

在性激素的刺激下,三大神经递质(多巴胺、去甲肾上腺素、血清素)大量分泌,并对大脑中一个非常特殊的区域——前额叶产生作用。

在此不得不提的是,前额叶其实承担着四大重要职能。我形象地将它们称为"共情脑""奋进脑""专注脑""调节脑"。

不过,这四大功能是需要一个发育过程的。事实上,婴儿在刚生下来的时候,大脑还没有发育完全。在神经递质的不断作用下,婴儿大脑的功能会逐步完善,而且这一过程会一直持续到成年之前。

共情脑可以帮助我们察觉他人的情绪

接下来我们将依次介绍前额叶的四大重要职能。

首先是共情脑。在三大神经递质中,血清素对共情脑产

生的作用较大。

简单来说，共情脑的职能是"读懂别人的内心"。

虽然这种说法听上去可能有点像超能力，但是通过一个人的表情和态度来对这个人的情绪进行直观的判断，这种能力正是通过共情脑来实现的。

比如我们在看四格漫画的时候，即使上面一个字都没有，但是通过角色的动作和表情，我们依然能够准确了解角色的想法并会心一笑。

尽管没有对话，但是我们依然能够猜到出场角色在想些什么。比如看到孩子一蹦一跳就能猜到孩子的心情很好，看到有人捂着肚子、皱着眉头，就能想到这个人应该是肚子不太舒服。仅凭一个人的表情、眼神和动作，我们就能够对他的要求、目的和心情做出合理的推测。事实上，正是由于共情脑发挥的重要作用，我们才能掌握这样神奇的"读心术"。

在经由青春期逐渐向成人过渡的这一阶段，前额叶的四大职能会在很长一段时间内不断地生长完善，但是只有共情脑是在 10 岁左右就可以基本发育成熟的。

从小学低年级开始，通过与家人、朋友及学校老师等周围人的接触和交往，我们不断地学习着如何读懂他人的心思，共情脑也随之得到发育与完善。

● 奋进脑可以帮助我们朝着目标奋发前进

接下来我们了解一下奋进脑的情况。

对奋进脑产生刺激的，主要是多巴胺这种物质。

奋进脑可以帮助人们激发斗志，为实现某一目标而主动采取行动。事实上，鼓起干劲并开展行动的根源就存在于奋进脑中。

我们之所以会为了得到老师的小红花而认真完成作业，会为了达到追求的分数而心甘情愿地埋头苦读，其实正是奋进脑发挥了作用。

奋进脑的作用不只限于学习。为了得到妈妈的称赞，我们会选择主动帮忙做家务；为了在比赛中获胜，我们会在社团和俱乐部中刻苦练习；为了让牵牛花在夏天开得更好，我们每天都会认真地浇水——以上种种行为，都与受多巴胺影响的奋进脑息息相关。

在上述这样成功实现设定的目标之后，多巴胺的作用会使我们感受到一种巨大的愉悦感，心情也会变得非常舒畅。这样一来，我们便会继续设定下一个目标，并朝着这一新的目标不断奋进。

可以说，人的成长依靠的是成功带来的喜悦的不断累积，而这种喜悦则是由多巴胺和奋进脑的共同作用带来的。

专注脑可以帮助我们高效完成某项任务

专注脑的主要作用是帮助我们更为高效地完成日常生活或工作和学习中的任务。

以开车为例。只有在对交通规则、驾驶技术和周围路况有了充分的了解和认识之后，我们才能够顺利地开车上路。具体来说，我们必须时刻关注行人、对向车辆和红绿灯的情况，而且还要对换挡和刹车的时机进行准确的判断，而这些都是由专注脑一手负责的。

烧饭也是如此。在烧饭的时候，我们必须要根据现有的食材定好要做的菜品，然后再按照顺序麻利地切菜备菜，翻炒出锅。

不仅如此，当孩子们在反复刷题的时候，其实也同样多亏了专注脑的存在。在专注脑的作用下，孩子们会试着先读懂题目，用学过的知识考虑题目的解法，然后再开始着手解题，最终完成一系列的动作。

这种对各类信息进行准确的判断，并将判断的结果立刻付诸行动的大脑行为，也被称为"工作记忆"。

作用于专注脑的神经递质主要是去甲肾上腺素。在危险即将来临的时候，我们的身体会感知到压力的存在，脑内分泌去甲肾上腺素的神经也会兴奋起来。这种兴奋会刺激去甲肾上腺素的分泌，而去甲肾上腺素的分泌又直接对专注脑产生刺激，从而大大促进了大脑专注力的提升。

人们普遍认为压力是对身心健康不利的万病之源，各种号称能够缓解压力的方法自然也受到了人们的大力追捧。然而，无论在日常生活还是工作和学习中，适度的压力都是激发行动力所不可或缺的。

究其原因，就在于适度的压力能够使去甲肾上腺素维持正常的活性，从而帮助我们更好地完成工作和学习任务。

调节脑可以帮助我们尽快忘掉不愉快的事情

最后，让我们再来了解一下调节脑。

调节脑主要负责情绪的调节和转换。与共情脑相似，调节脑也会受到血清素的影响。

当事情的走向没有遵从预期时，我们就需要根据实际情况重新调整和规划自己的行为。

而这个时候不可或缺的，便是调节脑所起到的作用。

在孩子还小的时候，大家应该都会遇到过孩子撒娇耍赖的情况吧。

我就曾经在某家书店偶然看到了这样一个场景：一个看起来应该还在上幼儿园的小男孩正缠着妈妈买宝可梦的书，后来干脆就坐在地上不走了。妈妈表示这本书家里已经有了，所以并没有理会孩子的要求，结果孩子就这样赖在地上不肯离开。过了一会儿，妈妈低声在孩子的耳边说了些什么，男孩的脸上便立刻泛起了笑容，母子二人开开心心地手拉着手离开了。

小孩子能够不再哭闹，足以证明调节脑的重要作用

虽然我不知道这位妈妈到底是如何说服孩子的，但是这件事情很好地证明了男孩的调节脑发挥的极佳作用。

其实无论是孩子还是大人，但凡遇到了不顺心的事情，我们都会积极主动地调整自己的情绪，试图寻找一个折中的方案或目标，并由此展开新的行动。

相反，埋头蛮干不懂变通，则会使人四处碰壁，也会不断地涌现出新的问题。而由此带来的抱怨和不满还可能会引发无尽的烦恼，大大影响一个人正常的社会生活。

所以，要让社会正常运转，离不开调节脑调节情绪的作用。

如此想来，我在书店碰到的那个小男孩估计是同意了妈妈给他买个冰激凌或是其他东西作为补偿的方案，情绪也由此顺利转换。

前额叶的四大重要职能	
共情脑	无须言语,仅凭动作或表情就能够察觉他人的情绪。
奋进脑	为实现目标或争夺名次奋发拼搏,不断努力。
专注脑	紧张高效地完成某项工作。
调节脑	烦躁时调节心情,控制易怒情绪。

为什么女孩的共情脑较为发达，而男孩的奋进脑更为突出？

虽然男孩和女孩的大脑自生来便有所不同，但这种差距在婴幼儿时期和学龄阶段并不会有太过明显的体现。然而在迎来青春期之后，一切便不一样了。随着生长曲线的陡然上升，前额叶会逐渐地发育完善，男孩和女孩的心理特质会出现显著的差异。

具体来说，女孩的共情脑会更为发达，而男孩的奋进脑的作用则会更为突出。

正如前文所提到的那样，由于雌性激素与血清素的关系非常紧密，所以女孩的大脑往往会受到血清素的巨大影响。

因为血清素主要刺激共情脑和调节脑，故对于女孩来说，雌性激素的作用会使得血清素大量分泌，从而显著带动共情脑和调节脑的活性，尤其对于共情脑的作用更是明显。

可以说，在血清素的媒介作用下，雌性激素大大提高了共情脑的效用。

日本女足的胜利居然也与共情脑有关？

2011年日本女足第一次问鼎女足世界杯冠军，时任日本女足教练的佐佐木则夫在接受记者采访时提到了这样一则趣事。

"执教女足期间令我深有感触的，是她们超强的团队协作精神。在有队员因为受伤不得不中途退出集训的时候，所有人都会亲自送伤员离开。有时候，我因为已经和受伤的队员进行过一对一的谈话，所以队员走的时候就没有专程去送，结果其他队员就跑过来教育我，说我不近人情，都不知道送送人家。"

通过这段采访，我们不难看出女足队员对因伤退出集训的队员非常关心，而且她们也能够及时纠正教练"不合常规"的做法，保证整个团队立场的一致。

比起个人的活跃与成功，女性运动员们往往在考虑问题时更看重团队的团结，而这也是共情脑更为发达的表现之一。

可以说，日本女足队员突出的合作精神充分体现了她们身上重视协作的女性特质。

● 进入青春期以后,男孩的多巴胺分泌较多,而女孩的多巴胺分泌较少

与此相对,由于雄性激素主要与多巴胺有关,所以随着青春期的到来,男孩体内的多巴胺开始大量分泌,奋进脑也会随之活跃起来。

奋进脑的活跃会使得男孩在多巴胺的作用下展现出旺盛的精力。他们大多争强好胜,对得失十分在意。

在进入青春期以后,男女间的差异首先会在女孩身上体现出来。

人们常说"女孩早熟"。看看学校里的孩子们,你是不是也觉得女孩在发育上提早了一年左右呢?

● 女孩在 3 ~ 4 岁时血清素的分泌量与成人水平接近

曾经有人做过一个不同年龄阶段血清素分泌量的追踪

实验，实验结果显示，女孩在 3~4 岁时血清素的分泌量就已经与成人水平接近，而男孩要到 5~6 岁的时候才能勉强接近。

因此，这项实验也从脑科学的角度证实，如果只看血清素这一帮助维持情绪稳定的神经递质，女孩确实可以更早地接近成人的标准。

也就是说，10~11 岁的女孩受到雌性激素的影响，会在举手投足间展现出一种血清素作用下的温婉气质。男孩则稍晚一些，要在 11~12 岁左右才会受到雄性激素的影响，在行为上表现出一种多巴胺作用下的进取精神。

女孩擅长自我调节，
能够迅速调整好自己的情绪

血清素这种神经递质能够刺激共情脑和调节脑，所以对于青春期的女孩来说，血清素会大量分泌，调节脑自然也会变得活跃起来。

当我们无法顺利实现此前定好的某一目标时，调节脑能够帮助我们转换思路，灵活地选择并尝试新的方法。

试想一下，如果调节脑无法发挥正常的功能，又会出现什么样的情况呢？

作为成年人，我们的人生经历其实已经不算少了。虽然成人的世界里经常会出现"事与愿违"四个字，有一定适应力了，但是对于刚刚来到人世间 10 年左右的孩子来说，有时确实会对低落的情绪感到无所适从。在这种情况下，有些孩子就会一下子变得暴躁起来，让人束手无策。

这表明调节脑并没有正常发挥作用。

话虽如此，女孩在青春期突然暴怒的事情我们却鲜少耳闻。事实上，这种易怒的情况大多发生在男孩身上。对于有初中男生的家庭来说，拳头砸墙似乎也并不是什么稀罕事。

女孩之所以不会采取这种过激的行为，一方面是她们生来就攻击性不强，另一方面则是因为她们往往具有很强的情绪控制能力，就算遇到了不称心的事情，也可以轻松转换心情，并尝试用其他方式解决问题。

眼泪能够帮助我们顺利地调整好情绪

眼泪在调节情绪上发挥着重要的作用。

事实上，调节脑的功能与哭泣这一行为之间存在着极其密切的关系——关于这一点我们将在稍后展开详细论述。当调节脑开始起作用时，大脑会进入放松状态，眼泪会自然而然地流出来，情绪也得到释放和缓解。

相信各位妈妈应该也都有过类似的经历吧。

比如遇到了什么不顺心的事情，只要哭上一会儿便能够重新鼓起干劲，打定主意明天继续加油。相反，如果强忍着不哭，反而会意志消沉很久。

尽管有人认为"女孩爱哭不好哄"，但是眼泪能对消极的情绪起到很好的安抚作用，哭过之后心情也会大为好转。擦干眼泪，抬起头来，嘴里轻松地说着"算了，我还是想想其他办法吧"——这其实也是女性表现出来的特质之一。

这种情绪转换的高效性，在男孩身上是很难看到的。

例如，就算考试的结果不尽如人意，那些能够快速重新振作的，一般也是女孩居多。

女孩在得知自己没有考上心仪的学校时往往会感到不安和沮丧，安慰的话语似乎也起不到什么作用。但是在进入学校之后，她们却可以很快地交到朋友，每天高高兴兴地上学。正是在调节脑的作用下，她们才能够如此之快地适应自己所处的环境。与此同时，共情脑发挥的职能还会帮助她们早早结交到新的朋友。

相反，男孩的挫败感则会在心里持续相当长的一段时间。

血清素帮助女孩形成稳定柔和的气质，调节脑帮助女孩从困境中解脱，共情脑帮助女孩很快地适应环境——这些女性特质，其实正是从青春期开始在女孩身上逐渐萌生出来。

难题 1

交不到要好的朋友，感觉自己好像被孤立了

答： **可能这样的孩子是多巴胺类型的女孩**

在雌性激素的影响下，女孩体内负责维持稳定柔和特性的神经递质——血清素的分泌十分旺盛。女孩往往共情能力出色，会比较看重人与人的关系，而且彼此间的接触和交往也常常能给她们带来很强的愉悦感。

所以与男孩相比，女孩大多很擅长结交朋友，并会在与朋友相处时主动追求轻松愉快的幸福氛围。对于女孩来说，她们并不喜欢独行侠的行为模式，反而希望能够与他人形成某种情感纽带或关联。

某期电视节目曾经做过一个耐人寻味的实验，它讲述了不同的性别在沟通能力上表现出来的巨大差异，其具体内容如下所述。

首先节目组找来了互不相识的男性和女性各 5 人，然后将他们按照性别分别请进了不同的房间，接着节目组的工作人员说："稍后想让大家帮忙完成一项实验，所以先请各

位在这里等候半小时左右。"

　　节目组在两个房间里分别安装了隐藏的摄像头。通过摄像头显示，虽然大家互不相识，但是5位女性却很快彼此攀谈了起来，30分钟后大家似乎已经相处得很融洽了。与此相反，5位男性却只是一直坐在自己的位子上，彼此之间几乎没有对话交流，而且每个人的表情也都是冷冰冰的。

● 多巴胺类型的女孩同样看重与人的交往

　　上述实验不仅能够说明女性大多很擅长沟通，而且也表明女性往往希望通过抱团的方式获得一种稳定和安心的感觉。"我们是要参加什么实验啊""和我一起参加实验的都是什么样的人呢"——在察觉到大家心里其实都有着类似的疑问和不安之后，她们很快便熟络起来，积极交换彼此的想法和心情。

　　孩子的世界也是如此。

　　在转入一个新的班级之后，女孩可以很快在班里形成一个2~3人的小团体，而且干什么事都要几个人一起。想来也确实只有女孩会和朋友一起结伴去上厕所，而这种行为在男孩身上是几乎看不到的。

尽管如此，每个人的性格却各不相同。有些女孩可能不喜欢这种形影不离的交往方式，还有些多巴胺类型的女孩可能会更倾向于按照自己的节奏朝着目标不断前进。这些性格独立的女孩往往会在结交朋友时保持适当的距离，所以也很容易招致周围的非议，她们自己也在人际关系上感到颇为烦恼。

虽然在与朋友相处的方式上和距离上有些与众不同，但是多巴胺类型的女孩其实也非常看重人际关系，所以她们总是会有一种被孤立的感觉。

换句话来说，正是由于周围的女孩大多凭借强烈的抱团意识紧紧地团结在了一起，这些游离于小团体之外的孩子才会感觉到非常痛苦和孤独。

父母应该如何与女儿的孤独感产生共情?

●● 难道自己的女儿被女孩之间的小团体排除在外了吗？

抱团是女孩之间一种特有的人际交往模式，而且这种模式带有闭锁性的特点。

虽然抱团在小学生之间可能不太常见，但是对于初中女生来说，吃饭的时候也要抱着手机猛回信息的情况却愈发普遍，毕竟如果没有立刻回复消息很可能会招致朋友的不满，朋友之间也会变得生疏起来。

在男孩看来，晚点儿回复消息并不是什么大事，只要说句"不好意思"就可以顺利化解，但是在女孩之间却不会结束得如此轻松。

正是由于重视彼此之间的关系，所以只要在言行举止上出现了些许的偏差，女孩们就会敏感地捕捉到这一点，而这也是女孩特有的行为习惯之一。作为同为女性的妈妈来讲，正是因为熟知女孩这种心理上的特点，所以妈妈们往往会对女儿的人际关系非常关心，担心自己的孩子被别人孤立。

"你午休的时候都干些什么呢？""你放学的时候和谁一起走？"虽然妈妈可能很想刨根问底地多问一些女儿的情况，但是对于那些在学校被人孤立、心里很是痛苦的孩子来说，和朋友如何相处是她们压根就不愿提及的话题。

说得难听一点儿，妈妈提出的这些问题只是单纯地想让自己感到心安罢了，这样做其实丝毫不会让孩子觉得妈妈是在关心自己。

"非语言沟通"能够帮助父母将情绪传达给孩子

在孩子感到被人孤立的时候，父母能做的其实就是陪伴。事实上，最终能够将那些感到孤独的孩子拯救出来的，也只有家庭的温暖这一剂良药。

我们只要陪伴在孩子的身边，其实并不需要过多地交流这件事。比起理性的分析判断，女孩大多表现得更为感性，而且由于女孩的共情脑更为发达，所以只要找到了共情的对象，她们的情绪就会稳定下来。

比如一起品尝美味的点心，讲讲明星之间的八卦，通过这种随意的聊天营造一种欢快的氛围，对于孩子来说就已经足够了。这种沟通其实是通过彼此的态度和氛围实现情绪上的交流。这种模式能够将父母的关爱很好地传达给孩子，孩子也会因此恢复精神。

尽管在女孩的世界里同样也会出现性格不太合群的孩子，但是在她们找到与自己心意相通的朋友之前，还请父母不要过分焦虑和紧张，只要沉下心来，好好地守护好自己的孩子就可以了。

毕竟家庭的温暖带给孩子的能量才是最为重要的。

难题 2

考试成绩不理想，女儿总是郁郁寡欢，提不起精神

答：作为父母，首先要放下这种多巴胺式的价值观

如前所述，对于血清素分泌旺盛的青春期女孩来说，她们的调节脑同样可以发挥极大的作用。因此，就算考试没有取得理想的结果，女孩只要大哭一场，往往便能够出人意料地重新振奋起来。当然，确实也有一些孩子会像问题中所描述的那样，表现出比较强烈的情绪。

对于青春期的孩子来说，共情脑的发育完善往往会使她们产生"想和朋友待在一起"的想法，但与此同时她们却又不得不为了在激烈的学业竞争中崭露头角而不断努力，所以也就需要孩子们展现出与之相应的强大意志力和进取心。可以说，女孩想要考出理想成绩的念头，比男孩更为强烈。

调节脑的功能失调可能会导致孩子陷入抑郁状态

有些孩子在没有取得理想的成绩之后会萌生出巨大的挫败感，而且在接受失败的现实并重新振作起来之前需要花费很久的时间。在这一过程中，原本占据优势的调节脑是无法发挥出原有功能的。

事实上，青春期抑郁很有可能会进一步导致孩子陷入闭门不出、拒绝社交的状态，所以越是情绪消沉的孩子，往往越需要周围人的关爱，其中尤其重要的是父母带来的精神力量和采取的适当举措。

当然，父母其实并不需要采取什么特殊的行动，而是首先要学会放下这种多巴胺式的价值取向，不要总是抱有"我本来很看好你的，现在我很失望""明明你可以做得更好"之类的想法。

对于很擅长读懂非语言沟通的女孩来说，就算一句话都没有说出口，父母沮丧失望的表情也已经说明了一切。

"爸爸妈妈对我感到很失望，是因为我没能取得好成绩。"

"成绩不好,我真是太没用了。"

一旦孩子无法从这种情绪里挣脱出来,他们很有可能会对学习丧失兴趣,精神上也会愈发地消沉下去。

● 考试结束后需要及时转换为血清素式的价值取向

事实上,人是可以体会到两种不同的幸福感的。具体来说,其中一种是拼搏奋进达成梦想时迸发出的多巴胺式的幸福感,而另一种则是通过人与人之间的情感纽带萌生出的血清素式的幸福感。虽然后者不像前者那样猛烈,却能够给人带来一种柔和恬静的愉悦感受。

由于上述两种幸福都能为大脑所感知,所以我们也不会单纯依靠多巴胺来获得快乐。尤其是在厌倦了多巴胺式的生活节奏之后,不妨换个方式,感受一下血清素带来的温馨和快乐。

父母的乐观心态同样也会传染给孩子

父母调整好心态，孩子自然也会受到感染。

对于正处在青春期的孩子来说，多巴胺式的挑战确实不可或缺。就算最终取得的结果不尽如人意，其实也并不代表着由此就会一蹶不振。无论处于何种状况，大脑都能让我们进入血清素分泌的状态，就像为我们备好了"避风港"，让我们得以感知幸福。

我希望父母能够尽可能多地通过生活的点滴来促进孩子血清素的分泌（具体方式将在后文详细介绍），在一种血清素式的柔和氛围中用心呵护孩子的成长。

待考试之后，孩子能够重新加入喜欢的社团活动中去就可以了，而女孩在这一阶段表现出爱美的天性自然也无可厚非。最大限度地享受这种血清素式的生活方式，等到中考或高考临近的时候，多巴胺又会再度发挥作用，奋力拼搏迎接新的挑战。

灵巧应对生活的不同阶段，同样也是大脑的功能之一。

难题 3

会在意自己的头发为什么不够蓬松，并对样貌表现出过分的关注

答： 这表示孩子开始萌生出了女孩特有的好胜心

儿童心理学的相关研究显示，不同年龄阶段孩子与朋友的相处方式各有特点，尤其是对于青春期的女孩来说，她们往往会非常在意别人的看法，而且还会经常与朋友比较。为什么我的四肢不够纤细，为什么我的眼睛不能再大一点……慢慢地，女孩开始变得非常爱美。

我朋友家的女儿成绩很优秀，小升初时顺利考入了东京最好的三所女子初中之一。不过我听朋友说，这个孩子在备战升学考试的时候曾经对那种很厚的时尚杂志非常痴迷，甚至一度无心学习，最后妈妈实在忍无可忍，只能答应她"考上了好学校就可以去买三套喜欢的衣服"，孩子才终于把那些杂志收了起来。

对于女性来说，无论自身年龄多少，无论所处环境如

何，她们都会对自己的形象表现出很强的关心。由于喜欢整洁优美的状态是女性的一大特点，所以她们自然也就会对着装和外表更为在意，也会为打扮自己花费更多的时间和精力。

并非想要超过别人，而是不想垫底

女孩对于爱美表现出极大的热情，其实与青春期特有的好胜心息息相关。

如前所述，女孩大多喜欢结交朋友、抱团，但是与此同时，女孩与女孩之间会出现很强的好胜心理，彼此间竞争激烈。同样的道理，作为妈妈的你在街上看到有其他女性路过时，是不是也会多留意对方呢？

不过，女孩对美的好胜心与男孩那种多巴胺式的争强好胜却有些不同。

女孩对美的好胜并不是想在竞争中拔得头筹。事实上，她们在观察自身所处的环境后往往会产生些许的恐惧心理，如"不想在这群人里垫底""不想在这里丢脸"，而这种轻微的恐惧感则会在一定程度上激发女孩的好胜心态。

因此,尽管女孩大多爱美,但是只要自己的穿衣打扮不比周围的女孩子们差,她们的心里也就会很知足了。比如她们期待的可能并不是洗发水广告里那种柔顺的秀发,而是和朋友在一起的时候,自己的头发能和朋友的相差不太多,这样一来大家就能够堂堂正正地一起玩耍,不至于产生自卑的心理。

关于女孩的好胜心,我想再稍微补充一点。

对于女孩来说,她们内心深处的自我意识早已构筑形成,加之女性在生活中往往会优先考虑与他人的情感纽带,所以她们总是会非常在意自己与他人的沟通,而且首先考虑的也经常是"怎样才能在这个社会上得到关注"。

因此,女孩常常会关注他人的言行举止,留意自己优于他人的地方。

事实上,女孩似乎总是在审视着自己,试图判断自己到底是一个什么样的人,比如是美丽还是聪慧等。她们从自身角度出发看待问题的方式要远远强于男性,而这种"自身的

想变得和朋友一样漂亮

角度"其实更可以称得上是一种"自我的意识"。

● 充分认识自我同样也是前额叶的一大职能

掌管自我意识也属于前额叶的一大职能。对于非语言沟通等共情能力出色的女性来说，其自我意识自然也不容小觑。

事实上，非语言沟通和自我意识都会受到血清素的影响，穿衣打扮等爱美的行为同样也离不开血清素的帮助。

也许提出本节问题的家长很担心孩子这样做会对学习造成不良的影响，但其实关注自己的头发，恰恰表明了孩子的激素分泌是非常正常的，而且这也是女孩逐渐成长的一个标志。只要孩子没有提出过分的要求，比如想要染成一头金发，我们不妨就睁一只眼闭一只眼吧。

难题 4

女儿似乎是失恋了，一直在哭个不停

答：考虑到眼泪对于情绪转换的推动作用，不妨就让孩子哭个痛快吧

随着性激素在青春期的大量分泌，男孩和女孩的相处方式也会发生变化。

具体来说，性别意识的显著增强会使得男孩和女孩之间无拘无束一同玩耍的场景不复出现。相反，他们会故意表现出冷漠的样子，而且也不太会进行语言上的沟通。如果学校要求男女同桌的话，四年级的学生还是会很乖地将课桌拼在一起，但是五年级的孩子就会刻意在桌子之间留出 10 厘米左右的空隙。

不过，青春期阶段其实都会对异性产生浓厚的兴趣，所以有些孩子表现出对某个异性的爱慕之情也是非常自然的一件事。在这种情况下，万一对方的想法和自己的不太一样，她们就会觉得自己失恋了，而且还会因此感到情绪低落，甚至大哭起来。

这时我们作为家长大可不必担心，毕竟哭泣是放松情绪、重新开始的一个必经阶段。

●● 失恋后的痛哭，其实可以帮助女孩放松心情

让我们再来看一看眼泪和情绪的关系。

事实上，除了对眼睛起到保护作用的生理性眼泪之外，我们也会因为情感上的触动而流下"情感性的眼泪"，比如因为失恋流下的悲伤的眼泪。

这种情感性的眼泪与调节脑和自主神经系统之间存在着密切的关系。

我们知道，在调节脑发挥作用的时候，负责在放松状态下发挥作用的副交感神经便会开始活跃起来，眼泪就随之流了下来。

负责在紧张状态下发挥作用的交感神经与负责放松状态下的副交感神经其实同属于自主神经系统，二者之间的平衡共处可以帮助我们形成一种健康的心理状态，而血清素则对这种平衡起到了重要的调节作用。

血清素大量分泌，会使共情脑和调节脑的功能随之增强，可以对情绪的顺利转换起到非常积极的作用。

换句话说，在调节脑发挥作用、副交感神经占据主导地位时，伴随着情感性眼泪的流出，人的情绪可以很快得到调整和放松。再加上有了共情脑的帮助，女孩的情绪便能够在哭过之后很快恢复到平常的稳定状态。

所以，失恋的时候哭个不停也没有关系。在哭过之后，共情脑的职能会帮助女孩尽快寻找到新的情感纽带。

难题 5

明明是能力很强的孩子，却怎么也打不起精神

答： 聊一聊学习的意义，激发孩子形成多巴胺式的价值观

尽管孩子学习能力的差别在小学的中低年级还不太明显，但当周围的人都在为了考试忙碌起来的时候，孩子的学习习惯也就开始成了家长们担心的一个重点。

如果孩子太过散漫，父母不免会唠叨两句。然而，想要劝诫青春期的孩子绝非易事，毕竟他们压根就不会将父母的话放在心上。

特别是对于女孩来说，就算父母觉得自己已经尽量选择了委婉的说法，但她们还是能够凭借发达的共情能力从父母的只言片语中察觉到长辈施加给自己的压力，直接脸色一沉并扭头离去。

从这一角度来说，如何调动孩子的积极性，让她们能够主动开始学习，确实是父母的一个迫切的需求。

在此，我想分享一下自己的经验。

在我女儿还在念高中的时候，我突然喜欢上了打壁球，而且还打进了日本关东地区成人组的前三名。女儿看我打球也跟着产生了兴趣，从高一刚开始接触壁球就疯狂爱上了这项运动，甚至因此无心学习。虽然我和妻子从来都没有催孩子好好学习，但是我们也还是希望她能考上大学。于是我第一次给孩子施加压力，告诉她要想打壁球就必须把学校的功课做好。结果没想到效果立竿见影，女儿开始认真读书，成绩也有了明显的进步。

可以说，我的这段经历正是多巴胺原理的完美展现。只要成绩名列前茅，孩子就能继续自己喜欢的壁球运动。为了实现这一目标，女儿付出了巨大的努力。

抛开我女儿的例子不谈，其实学习成绩优异的孩子的父母应该也很善于激发孩子这种多巴胺式的价值观。

有的孩子会主动学习，他们的心理年龄往往较为成熟，可以不断地从周围的环境中接受刺激，从书本或电视中获得信息，并能够自主决定前进的目标。有的孩子则需要父母有意识地对其进行引导，告诉他们实现目标可以带来的好处，否则就无法让他们的多巴胺发挥作用。

●● 努力读书带来的好处,要尽量具体地讲给孩子听

在孩子还小的时候,正确的夸赞可以使他们心情愉悦、开心不已,孩子们就有了继续努力下去的动力。

对于成年人来说,夸赞同样意味着很大的鼓励,而且还能对多巴胺起到有效的刺激作用。相信各位家长应该也都有过类似的经历,比如仅仅是家里人对于菜肴的一句简单的称赞,也会使站在厨房里做饭的人变得开心起来。

然而,对于开始正视自己未来的青春期的孩子来说,除了适时的称赞之外,更为具体的多巴胺式的价值观也非常重要。自己的努力会换来什么,能实现什么样的价值和意义,都需要家长清晰的引导。这种引导是否翔实具体,将对调动孩子的积极性起到天差地别的影响。

我女儿当时提出的能够继续打壁球只是一个当下的目标,对于好好学习并成为医生等远大目标来说,我们同样不能说是因为成绩很好所以才去学医,而是应该告诉孩子治病

救人的意义，并将这种目标意识清晰明确地灌输给孩子。这是家长们需要切实完成的。

青春期的孩子正是开始思考"学习的意义"的年纪，如果我们只是一味强调"必须学习"，孩子们往往是听不进去的。

第三章 脑科学帮你读懂女孩的情绪变化

成绩优异的女孩身上有着某种特质？

前文提到，由于受到青春期性激素的密切影响，男孩和女孩在共情脑和奋进脑的功能上会表现出明显的性别差异，而且女孩的调节脑的能力也会显得更为强大。

与此同时，专注脑的职能却并没有出现太大的差别，即男孩和女孩在集中精神钻研某件事情的能力上不存在明显的性别差异。

那么，父母十分关注的学习能力会不会因为性别而有所不同呢？大脑存在的差异，是否会对学习能力造成一定的影响呢？

答案是否定的。从脑科学的角度来看，男女之间并不存在明显的学习能力上的差距。

不过，由于女孩在奋进脑的功能上稍显弱势，不像男孩那样能够很快地激发斗志，所以在孩子的成长过程中还是需要我们稍加留意。

尽管脑科学并不认为男孩和女孩之间存在学习能力上

的区别，但是在奋进脑的影响下孩子是否愿意积极地刻苦学习——这种学习干劲上的差异，自然会导致孩子的学习能力产生差距。正因如此，勤奋刻苦的孩子大体上读书不会太差，而懒散懈怠的孩子则很少会取得优秀的成绩。

换句话来说，成绩优异的女孩往往奋进脑的功能也很强大。

多巴胺会激发孩子的学习欲望

随着雄性激素的大量分泌，男孩体内的多巴胺开始积极发挥作用，不断拼搏、奋发向上的意愿也会随之增强。优异的成绩、赞扬的话语、学校的表彰、考试的名次都会让他们因为拼搏奋斗取得了成就而被幸福感所包围，然后朝着下一个目标继续努力。

这一多巴胺式的工作原理，对于女孩同样适用。

只是简简单单的一句"你真棒啊"，往往就能猛然唤起孩子的斗志。这种称赞作为一种正向的反馈，可以极大地激发孩子的热情。

奋进脑是推动孩子不断成长的动力来源。虽然与周围环境的和平共处十分重要，但是在孩子身心飞速发育的青春期阶段直至青年时期，我们都必须学会灵活地调动孩子的奋进脑，激励孩子朝着未来不断努力。

因此，对于缺少多巴胺式活力的女孩来说，父母就需要帮助孩子发挥奋进脑的作用。

父母的说话方式决定了孩子能否朝着目标不断努力

父母的说话方式非常重要。

在说话时，我们不能揪着孩子的不足一味贬低讽刺，而是应该着眼于孩子已经完成的部分，用"干得不错""看出来你很努力"等方式表达认可。这种认可，同样也是一种正向的反馈。这种反馈会使奋进脑受到刺激，孩子也会随之鼓起干劲，朝着下一个目标继续前进。

此外，我们也可以试着给孩子创造一个可以埋头专心做某一件事的环境。比如孩子喜欢打网球或是跳舞的话，我们就可以支持孩子多多参加社团的相关活动。

培养孩子对于音乐、美术或漫画的兴趣，并鼓励他们参

父母的话语能够刺激多巴胺的分泌

干得不错!

看出来你很努力!

加比赛、尝试考级等，同样也不失为刺激多巴胺分泌的方法之一。

作为家长，请不要一味抱怨孩子"就知道画漫画""别一天天的光想着做梦"，毕竟这种话语会极大地打击孩子奋发上进的决心。相反，我们应该多多地鼓励他们，在轻松愉快的环境下激发出孩子的进取心理。

在与朋友相处的过程中逐渐获得
与人共情的能力

在上文中我们提到，共情脑对于女孩形成其特有的思考方式和言行举止起着至关重要的作用。事实上，如果我们能够理解帮助我们读懂他人情绪的共情脑，就可以在守护孩子成长的过程中给予他们更多的帮助和支持。

青春期是抚养孩子的一个重要转折点，在这一时期孩子在生理和心理上都会发生巨大的变化，而这些变化也要求父母在心态上做出适时的调整。

在进入青春期之前，希望父母能够好好地关注孩子共情脑的发育情况。

非语言沟通能够丰富女孩的内心世界

共情脑可以帮助我们通过动作、表情或眼神读懂一个人的内心想法，可以帮助我们与他人顺利沟通。

非语言沟通与共情脑的作用息息相关，是孩子从小就需要培养的一种能力。

究其原因，就在于非语言沟通的比例占到了人际沟通的一半以上。与用语言交谈相比，通过表情感知对方的情绪并产生共鸣的沟通方式在我们的日常生活中显得更为普遍。

10岁左右，我们的共情脑就基本完成了生理上的发育。虽然此后女孩的共情脑还会因为血清素的影响进一步得到完善，但是如果能够在此之前就提高她们与他人产生共鸣的基本能力，女孩今后的发展也会更为顺利。

为了帮助孩子成为一个稳重平和、知书达理的人，我们从小就要让孩子学会与周围的人好好交流，并在与人交往的过程中不断培养她们的共情能力。

从婴儿时期起，沟通能力就开始得到培养

即便是刚刚出生的婴儿也不例外。

共情脑的发育自出生之后就已经开始了。大声啼哭或挥动手脚等行为，都是孩子积极地与大人交流的方式。

作为沟通对象的大人可能会觉得："宝宝连话都不会说呢，怎么可能与人交流？"当然，抱有这样的想法也是很正常的。

我们不妨试着回想一下自己的孩子还在襁褓中的时候。小小的人儿被大人抱在怀里，一双眼睛紧紧地盯着大人的面庞，嘴里还在大口大口地吃奶。看到大人的微笑，宝宝甚至也会笑着回应大人。

事实上，婴儿可以通过大人的呼吸、心跳、视线和表情来感受大人的情绪。虽然他们还不会说话，但是这种非语言沟通却能够帮助他们敏锐地捕捉到大人的想法，他们也会试图对此作出回应。

张开小手让妈妈抱在怀里，贴着妈妈的面庞，感受着妈妈的呼吸，孩子便能够感知到妈妈此刻的心情是平静还是激动。此外，当孩子还在妈妈肚子里的时候，他们就一直在感受着妈妈的心跳，而这种熟悉的心跳声，让他们能够迅速地将妈妈分辨出来。如果妈妈的眼睛没有看着孩子，他们就会明白妈妈此刻正在关注着其他的事情。要是妈妈的眼神变得很凶，他们则会害怕得哭出声来。

婴儿之所以在不会说话的情况下依然能够与大人交流，其原因就在于共情脑的飞速发育。心理学的相关研究也认为，婴儿能够读懂大人的想法。

虽然有些父母可能会不无遗憾地认为"早知如此，我就不那样对待孩子了"，但是对于绝大多数父母来说，他们与孩子的相处方式往往都是无意识的行为。

当孩子1岁多开始蹒跚学步的时候，父母常常会把他们带到公园里玩耍。这时，孩子之间的沟通和交流也就开始了。

随着大运动的愈发完善，孩子的自我意识逐渐觉醒，开始拥有了自己的想法。因此，与朋友发生冲突自然在所难免。从出现摩擦到重归于好再到玩在一起，这一过程对于共情脑的发育同样至关重要。

共情脑的职能决定了女孩能不能敏锐感知周遭环境并做出相应的判断

除了一起开心玩耍之外，朋友之间产生摩擦其实也是一种宝贵的人生体验，可以帮助孩子通过面部表情判断对方到底是友好还是心生厌烦。这种不断重复的训练，也能够促使孩子的共情脑得到飞速发育。

在孩子进入小学之后，刺激共情脑发育的机会便会陡然增多。

具体来说，除了所处环境的巨大变化之外，孩子的人际关系圈也会一下子扩大很多。在与不同类型的朋友相处的过程中，孩子们会不断学习人际交往的技巧，也更能判别对方的意图。

如果共情脑可以在这一时期得到充分的完善，那么在长大成人以后，孩子很有可能成为一个不只是听字面意思，而且能理解隐藏在背后的真实想法的人。

现实生活中，有很多不擅社交的人不知道如何判断别人的意图，但是能够敏锐感知到周遭的环境并做出相应举动的这种判别能力，却并非依靠别人的教授和指导习得的。

只有从小与朋友多多接触，不断积累与人交往的经验，才能真正具备这种能力。

青春期的孩子为什么能够一眼看穿大人的"谎言"

在与朋友相处的过程中,共情脑会在 10 岁左右达到一定程度的成熟和完善。不过这并不意味着发育的停止,共情脑依然还会在此后的时间里继续稳步发展。当然,尽管这种发展对于男孩和女孩同样适用,但是其强度和快慢却与性别有着很大的关系。

在孩子进入青春期以后,共情脑的作用得到了比较充分的发挥,甚至会在一段时间内超过成年人。

也就是说,对于青春期而言,此时的大脑并非单纯只是"大人的迷你版本",而是处在与其他年龄截然不同的一种特殊状态。

不通过语言等媒介,而是凭借表情等来察觉对方的情绪——这种非语言沟通的实现,正是依靠共情脑的职能来完成的。

在询问妈妈能不能同意让自己去玩一会儿的时候,妈妈的一声叹息便能让孩子瞬间明白这是在表示拒绝。与成年人相比，青春期的孩子对这类沟通方式会更为敏感，而这一点也已经通过目前的相关研究得到了证实。

对于孩子来说，从刚开始的一张白纸到记住大量的词汇，再到长成10岁，他们的语言能力已经几乎可以达到成年人的水平。当然，这并不是指孩子的词汇量可以与成年人相媲美，而是表示他们已经具备了良好的语言操控能力，甚至可以与大人辩论。

换言之，孩子能力的飞速提升，将会使得大人的"哄骗"不再奏效。

在孩子年幼的时候，我们在一定程度上可以通过语言来控制他们的行为，也会耐心给孩子讲一讲道理。比如孩子相信圣诞老人的存在，我们只要说"乖孩子才能得到圣诞老人的礼物"，孩子便能够安静下来。

然而到了小学五年级左右，这样的说法却只会得到孩子冷漠的回应："圣诞老人根本不可能自己一个人把礼物送到全世界小孩子的手里。"

对于家长来说，这可就难办了。

青春期孩子的叛逆心理始于大脑的变化

在青春期阶段,由于共情脑的作用得到了充分发挥,孩子的非语言沟通能力甚至强于成人,可以轻松察觉他人的情绪,读懂他人话语里的言外之意。

成年人出于场合的需要可能会说出一些冠冕堂皇的话,有时甚至还会编造一些或大或小的谎言。

孩子还小的时候不太会在意这些,但是到了青春期阶段,他们却能轻易看穿大人的伎俩,直接挑明"你的话前后矛盾"。在面对尖锐的指责时,如果家长试图打个马虎眼糊弄过去,孩子往往不会接受,而且还会送上轻蔑的白眼,表示"我就说大人都是骗人的"。

我们经常能够看到这样的例子,比如很多爸爸在这一阶段没有正确认识女儿心理的成长,不能很好地与女儿相处,甚至由此造成了父女关系破裂。

尽管青春期阶段会出现很多亲子矛盾,但是这种情况并不会一直持续下去。就算孩子说的话不太中听,又或者总是对父母挑刺,我也希望父母能够保持冷静的心态,不要过于在意这些，毕竟这个年纪的女孩，共情脑正处于快速发育阶段。

在遇到这种情况时，我们不要去考虑是不是孩子的性格发生了改变。换个角度想一想，这是大脑的成长和发育所带来的影响，是不是就会容易接受了呢？

伴随着月经初潮的来临，前额叶的四大重要职能开始灵活分工

如前文所述，进入青春期后，女孩大脑的发育与雌性激素的作用息息相关，这也就意味着月经周期同样会对女孩的大脑产生影响。

随着月经初潮的来临，女孩的青春期特征也会逐渐明显起来。在女性的雌激素中，雌二醇与月经的周期有着十分紧密的关系。

雌二醇的分泌会按照一定的节奏发生波动，从而导致周期约28天的月经出现。

从排卵之前的几天开始，雌二醇的分泌量逐渐增多，直至排卵当天达到峰值。此后雌二醇的分泌量开始逐渐下降，在降至最低点时便会迎来月经。月经结束后，雌二醇的含量又会逐渐增多，并按照这个规律循环。

从排卵到月经的这段时间里，随着雌二醇的分泌量日趋减少，很多女性都会出现焦躁不安或闷闷不乐的情绪。

之所以会出现这种情况，正是因为雌性激素中雌二醇的

含量降低影响了血清素的分泌，从而导致共情脑无法像平常一样敏锐地发挥作用。

换句话说，月经结束后女性体内的血清素浓度较高，可以使共情脑的职能得到充分发挥，情绪也会因此稳定下来，整个人充满活力。与此相对，由于月经来临前女性体内的血清素浓度较低，容易感到心情低落，情绪也就容易出现波动。

大脑的职能变化会导致女孩的情绪发生波动

在女孩进入青春期并迎来月经初潮之后，她们的心情不仅会因月经周期的影响发生极大的起伏和波动，而且其大脑的职能也会随着这个周期产生变化。这一点，希望父母能够牢记于心。

在青春期阶段，除了读懂他人情绪的能力达到峰值，女孩大脑职能的强弱还会按照 28 天左右的周期发生变化，因此，女孩到了某个时段就会容易与父母发生冲突，想来也不足为奇了。

月经前夕的焦躁感与血清素之间的关系

| | 星期日 | 星期一 | 星期二 | 星期三 | 星期四 | 星期五 | 星期六 |

排卵 —— 血清素减少,心情烦躁。

月经 —— 血清素增加,心情愉悦。

女性体内血清素的含量会受到雌二醇这种雌性激素的影响。月经前夕雌二醇的减少会导致血清素分泌不足,女孩的心情也会变得烦躁不安。在月经结束之后,女孩体内的血清素浓度升高,心情也会随之平稳下来。

正是由于大脑的这种变化，父母也就不能想着再像之前一样让孩子事事听话了。

由此看来，也许青春期正是父母需要重新定位亲子关系的一个新的阶段。

难题 6

本希望女儿能够独立自强，却发现孩子总是喜欢和朋友待在一起

答： 女孩在进入青春期后，会发自内心地寻求一种人与人之间的情感纽带

我曾经与一位家有一儿一女的妈妈聊到过有关育儿的话题。

"抚养男孩和抚养女孩的时候，有没有感觉男孩和女孩有什么显著的不同？"面对我的这一问题，这位妈妈告诉我，女孩从小就表现出了很强的社交属性，就连吃点心的方式也与男孩有着根本的区别。

当时这位妈妈给来家里做客的小朋友们准备了很多点心，女儿见状便把朋友们叫到客厅坐好，拉着妈妈一起和大家边吃边聊。与此相对，儿子刚一过来就直接把自己的点心吃了个精光，然后便若无其事地回去继续玩游戏了。

这位妈妈口中的"社交"一词，正是人们描述女孩在情绪或想法上具有的特点时经常提到的一个核心词语。

之所以能够顺利与人社交，是因为女孩具备关心体贴他人的能力，从而使得自己与他人的关系得以成功发展。将家里打扫得井井有条，甚至在家具或摆件有了些许的变动时能立刻察觉出来——这种能力其实与沟通中的细致入微相一致，都是一种关怀能力的体现。这种能力往往会在女孩身上显露无遗，而男孩则并非如此。

事实上，这种差距很可能传承自原始的狩猎时代。与外出奔波抓捕猎物的男性相比，女性大部分时间都需要待在一个相对狭小的空间，因此就需要具备能够与一定的人群维持和睦关系的能力。

女孩之所以比男孩更看重朋友间的情感纽带，容易形成亲密感性的人际关系，原因之一就是因为大脑中嵌入了这种社交属性。

此外，正如前文中提到的那样，血清素的作用也会令女孩在人与人的交往中追求一种愉悦感。因此，女孩总是和朋友待在一起其实是一种非常自然的本能表现。

难题 7

毫不客气地对母亲"评头论足"

答：孩子希望自己最亲近的人能够漂漂亮亮的

很多妈妈都会叹着气抱怨自己的女儿突然挑剔起来。

衣服发型这些自不必说，就连妈妈的动作举止、想法观点、聊天或是做家务的方式等这些细枝末节的事情，甚至连拿筷子的姿势都要被女儿挑剔，要求妈妈赶紧改正。

母女之间说话聊天往往不会顾虑太多，所以在批评对方的时候很可能不太注意语气。对于妈妈来说，尽管知道这样的行为与孩子正处在叛逆期有关，但其实还是会对孩子的话耿耿于怀，心里也会觉得有些郁闷。

女孩在很小的时候就会对妈妈的衣着和化妆品产生浓厚的兴趣，所以在进入青春期以后，很多孩子都会选择用评头论足的方式来表达这种兴趣，而这也会令母亲很是苦恼。

随着前额叶的功能不断强化，共情脑的敏感度不断提升，妈妈的优点和缺点都会被孩子尽收眼底，自然也就会留意到更多的细节。

在这种情况下，即便是被寄予了全部信任的妈妈也不例外，或者说，正因为妈妈是孩子最亲密的人，所以反而会获得孩子更多的关注。

不希望自己的妈妈比朋友的妈妈打扮得土气

要想了解女孩的行为或情绪，一个不容忽视的核心词语就是"情感纽带"。

妈妈和女儿同为女性，她们的共情脑都具有很强的职能，会将情感纽带看得很重。因此，母女之间的情感纽带要比母子、父女或是父子之间来得更为紧密。

所以，如果妈妈打扮得漂漂亮亮的，女儿心里也会感到高兴。相反，如果妈妈没能立刻改掉不体面的地方，孩子也会像自己犯了错误一样羞愧不已。

从这一角度来说，女孩在青春期后不仅会关注一些此前从未注意过的细节，而且也无法对这些细节坐视不管，所以才会不断地对妈妈说一些批评的话语。

此外，这种现象与前文提到的女孩特有的好胜心也有一定的关系。

在这种好胜心的驱使下，女孩虽然并不会要求自己的妈妈在穿着打扮上无可挑剔，但她们还是希望在与朋友的妈妈进行比较的时候，自己的妈妈能够不要穿着那些过时的衣服，打扮得土气。

在家长开放日等需要父母到校的时候，特别是如果当妈妈没有在这个场合谨慎地选择合适的穿着，事后肯定会招致孩子强烈的不满，甚至还有很多孩子干脆就不想让妈妈在学校露面，直接表示让妈妈不要来了。

我还听说过这样的情况。

到了学校以后，自己不仅要被女儿评头论足，而且还会被班上的女孩子从头到脚地审视一遍……

这些女孩与其说是对朋友的妈妈抱有兴趣，倒不如说是将其与自己的妈妈进行比较，看看"和其他人的妈妈相比，自己的妈妈到底怎么样，有没有被比下去"。

尽管举手投足不可能尽如女儿的意，但是考虑到毕竟是自己的孩子才会说出这些话，所以我们也不妨大度一些，试着对孩子的"评头论足"淡然接受吧。

难题 8

最近总是会因为一些小事和女儿争论不休

答：孩子能够看穿父母的敷衍，我们要学会对孩子说真话

尽管女孩较少与父母发生激烈的争吵，但是与父母的冲突却是随处可见的。

这些冲突的源头往往是一些细枝末节的小事，比如父母的一句"作业做完了吗"，就会让女儿觉得很不中听，直接顶回去一句"烦死了"。据说现在的女孩还会用冷冰冰的语气回答："跟你有什么关系。"比起歇斯底里的反驳，这种回答往往更令人气愤。

父母也许只是随口一问，孩子却一下勃然大怒。这种愤怒可能不会演变成争吵，却会让女孩选择闭口不言。

让父母感到最为棘手的，应该就是这些压根不算什么的小事抑或是之前都能正常沟通的话题，现在却成了亲子之间发生冲突的导火索。在说话的时候，父母竟然不得不看孩子的脸色，以免不小心在什么地方惹到孩子。

这样看来，父母心里的压力确实不小。

青春期的孩子之所以会和父母产生冲突，其原因就在于父母对于孩子的成长认识不足。事实上，共情脑在进入青春期后变得比成年人的更为敏感，孩子也更希望能够看清周围事物的本质。有时他们甚至能够看穿大人的话到底是真是假，这一点也不得不令人刮目相看。

另外，尽管大人还是会希望像之前那样用话语哄骗孩子，但是孩子却可以轻松判别哪些才是真话，小时候的那套方法自然也就不再奏效了。

具体来说，有话直说的孩子往往会令家长觉得蛮横无理，而家长那些真假参半的话语又会令孩子觉得无所适从。

就这样，父母与孩子之间的争吵日渐频繁。

在孩子的眼中，父母的一句"作业做完了吗"，很可能会让孩子理解为"肯定是怀疑我压根就没做作业。其实是想责怪我，都已经六年级了还不知道写作业"。

不允许孩子反抗，根源就在于父母的多巴胺式思维

父母平时可能已经很注意不去招惹正处在叛逆期的孩

子，但其实最为重要的，是要学会和孩子说真话。

以上文为例，我们可以把自己的真实想法直接告诉孩子，比如"妈妈知道你平时作业完成得都很认真，但是昨天我没看到你写作业，所以有点不放心，才想着问你一下"。

大家都愿意相信真诚的人，这一点无论大人还是小孩都不例外。

妈妈之所以无法忍受女儿反抗的态度，也可以解释为，妈妈自身陷入了一种矛盾，即无法从女儿那里获得多巴胺式的情感回报，因而心生烦躁。

具体来说，妈妈明明为了孩子做了很多的努力，但是孩子却只是一个劲儿地抱怨。本来想着生了个女儿，以后可以一起逛街一起烘焙，开开心心地看着孩子慢慢长大，结果出现在眼前的却是另外一番场景……

作为用心哺育孩子的回报，妈妈本应该得到一段稳定和睦的母女时光，但是事与愿违，得到这样一个结果。

在这种情况下，很重要的一点就是学会发挥调节脑的作用，让自己的情绪冷静下来。

青春期的孩子产生叛逆心理，是共情脑敏感度提升的自然表现。作为父母，不管在什么时候我们都要记得和孩子以诚相待，就算收效甚微，也要学会及时调整自己的心情。

在孩子的叛逆期像狂风暴雨般席卷而来的时候，父母不妨试着聊聊天喝喝茶，悠然地闲逛一下。所谓"退一步海阔天空"，这样的做法一定能够帮助我们顺利度过孩子的青春期。

难题 9

无缘无故地对父亲心生厌烦

答： **女孩开始疏远爸爸，其实是受到了青春期激素的影响**

总是有很多爸爸在感慨，最近孩子突然不肯和自己拉手，不愿意和自己说话，而且走路的时候也会刻意拉开距离。不仅如此，女儿还总是嫌弃爸爸"臭烘烘的"，要求"自己的衣服和爸爸的衣服分开清洗"。孩子的这些话语往往会让爸爸感到无可奈何，甚至觉得自己和女儿之间已经产生了一道深深的沟壑，不禁大为失落。

女孩在朝着具有女性特质的方向成长时，为什么会对爸爸在情感上逐渐疏远呢？难道是因为到了一定的年纪吗？是的，这个问题的答案是肯定的。可是，为什么处于这一年龄段的女孩就会对爸爸心生不满呢？

接下来我们从脑科学的角度一探究竟。

要想回答这个问题，首先必须考虑的就是性激素的分泌所带来的影响。

如前所述，女孩大脑内血清素的分泌量会随着月经周期的变化发生波动。在排卵前夕，雌二醇分泌增多，大脑内的血清素浓度升高，女孩的情绪相对比较稳定。在月经来临之前，雌二醇的分泌减少，血清素浓度降低，女孩也会表现出暴躁易怒的倾向。

因此，雌二醇是导致这一情况出现的首要原因。

在雌二醇分泌减少、血清素浓度降低的时候，如果依然想要按照平时的样子和女儿拉近距离的话，其实无异于自赴雷区。毕竟，一件很不起眼的小事就有可能会招致女儿的一顿白眼和冷言冷语，爸爸的心情自然也会随之跌入谷底。

青春期的女孩往往还没有彻底适应月经的周期，情绪因此很容易陷入波动，所以对于各位爸爸来说，在和女儿打交道时还是要多少考虑一下时机为好。

越来越重视保持环境整洁的价值

青春期阶段女孩共情脑的能力大增，同样也是导致父女间出现隔阂的原因之一。

女孩往往喜欢干净整齐的环境，而且在很小的时候就已经在社会生活中掌握了构筑良好人际关系的本领。为了更好地融入社会，她们自然知道讲卫生的重要性，也更能明白讲礼貌的意义所在。

因此，爸爸口中粗鲁的语言往往会令女儿难以接受，而他们对肩膀上的头皮屑熟视无睹的样子更是会令女儿觉得忍无可忍。虽说爸爸可能会觉得"反正也没人看我"，但是这种想法在女儿这里却是行不通的。

此外，在共情脑的作用下熟练掌握了非语言沟通技能之后，女孩往往希望他人能够通过自己的态度而非语言来读懂自己的情绪，而她们也可以由此读懂他人的想法。但是对于共情脑的能力远不如女儿的爸爸来说，其实对女孩这种"我不说你也应该能懂"的想法却是毫无感知的。

看着像木头一样不开窍的粗心老爸，女孩自然会觉得非常烦躁。

父女关系突然疏远

第四章

养成良好的日常习惯，平复女孩的起伏情绪

提高大脑活性有利于女性特质的培养

对女孩的大脑有了深入的了解之后，每天的育儿工作也会变得轻松很多。不仅如此，就算之前认为"最了解女儿的人应该是我""青春期的女孩子真是敏感到让人崩溃"，现在应该也能更为冷静地去应对孩子在青春期出现的问题。

在这一章中，为了帮助大家深入了解女孩的内心世界，我们在提供一些针对青春期问题的解决办法之外，还将介绍一种能够让女孩"由内向外实现平和心态"的教育方法。

这种方法可以帮助前额叶的四大职能（共情脑、奋进脑、专注脑、调节脑）实现均衡发展，从而让父母和女儿的每一天都充满活力。

日常的生活习惯，正是这一方法的关键所在。

孩子的大脑在妈妈肚子里的时候就已经随着性别的不同显现出了些许差异，而且前额叶的四大职能在成年之前仍在不断发育和完善。

因此，与朋友相处的方式，在学校或家庭中的生活方式，都会使孩子前额叶的四大职能在发育上表现出巨大的差异。

以婴儿学语的过程为例。从一开始只能将哭声作为与外界沟通的手段，到咿咿呀呀说着谁也听不懂的话语，再到喊出"爸爸""妈妈"并正式拉开说话的序幕——这一学说话的过程，与婴儿的生活环境有着极其密切的关系。

前额叶的四大职能是在适当的环境和刺激下逐渐发育的

举一个极端的例子，不知道各位是否听说过一对双胞胎女孩被狼养大的故事。这对年幼的姐妹是在印度的某处森林里被人发现的，因为在没有人类文明的世界里生活了很长一段时间，所以这对姐妹无法听懂人类的语言，就连睡觉和走路的方式也都和狼一模一样（至于这个故事到底是真是假，目前众说纷纭）。

想来正是由于这两个女孩未曾体会过普通人的生活，所以掌管语言的大脑区域没有得到良好的发育，而这种语言功能的缺失也使得她们无法过上正常人的生活。在没有外界刺激的条件下，人类的大脑是无法发育到与年龄相符的程度的。

当然，我们在抚养孩子时并不会遇到狼女那样的极端环境，但是无论是我们的孩子还是狼女，前额叶的四大职能都是在呱呱坠地之后不断发育完善的。不仅如此，这些职能也不是一开始就完备的，而是在适当的环境下受到了适当的刺激，从零开始一点一滴逐渐形成的。关于这一点，希望父母能够牢记在心。

关于前额叶的四大职能，在日常生活中需要注意的地方各不相同。

在介绍具体的解决方案之前，让我们再来回顾一下前额叶的四大职能与能够对其发挥作用的三大神经递质之间的关系。

对沟通心有畏惧时，需要首先关注共情脑的情况

对于正处在成长期的女孩而言，其掌管沟通能力和稳定情绪的共情脑最为发达。与此同时，共情脑也会受到血清素

的影响。

情绪起伏较大，说话刻薄，和朋友的关系也不太好——在出现上述情况时，我们就需要关注孩子共情脑的情况。只要共情脑逐步得到了锻炼，女孩的平和特质就会被激发出来，敏锐感知周遭气氛的能力也能得以显现。

调节脑可以根据情况灵活调整情绪，且同样也会受到血清素的影响。

在孩子不懂变通、麻烦不断的时候，又或是一不开心就烦躁易怒、哭泣不止的时候，往往就需要将孩子的调节脑激活。

另外，激发斗志的奋进脑也很关键，它能够帮助我们朝着未来不断努力。多巴胺可以激活奋进脑，使我们朝着目标或梦想勇敢前进。

如果孩子嘴里总是念叨着"无所谓""好累啊"，干什么都懒洋洋地提不起精神，而家长又希望孩子能够打起精神奋发向上，那么就需要将孩子的奋进脑调动起来。

专注脑可以让孩子按照要求迅速地展开行动。适当的压力能够促进去甲肾上腺素的分泌,而去甲肾上腺素能够刺激专注脑。那些理解能力出众、功课总是很快做完的孩子,其体内的去甲肾上腺素就一直不断地发挥着积极的作用。

父母的言行举止能够有效激活三大神经递质

外界的刺激和激素的影响能够左右三大神经递质的分泌。

后文将就促进神经递质分泌的方法展开论述,在此我们先将其关系整理如下。

- 血清素:阳光、运动、接触(肌肤接触)
- 多巴胺:回报(他人的称赞、成就感等)
- 去甲肾上腺素:适度的压力

要想在日常生活中丰富女孩的内心世界,就需要从上述方式出发,刺激三大神经递质的分泌和活性。

其实这些方法都很简单,既不需要吃药,也不需要练习,而且很多都可以立刻着手操作。至于如何将这些方法导入日常生活之中,我们将在下文中展开具体论述。

前额叶四大职能与神经递质的关系一览

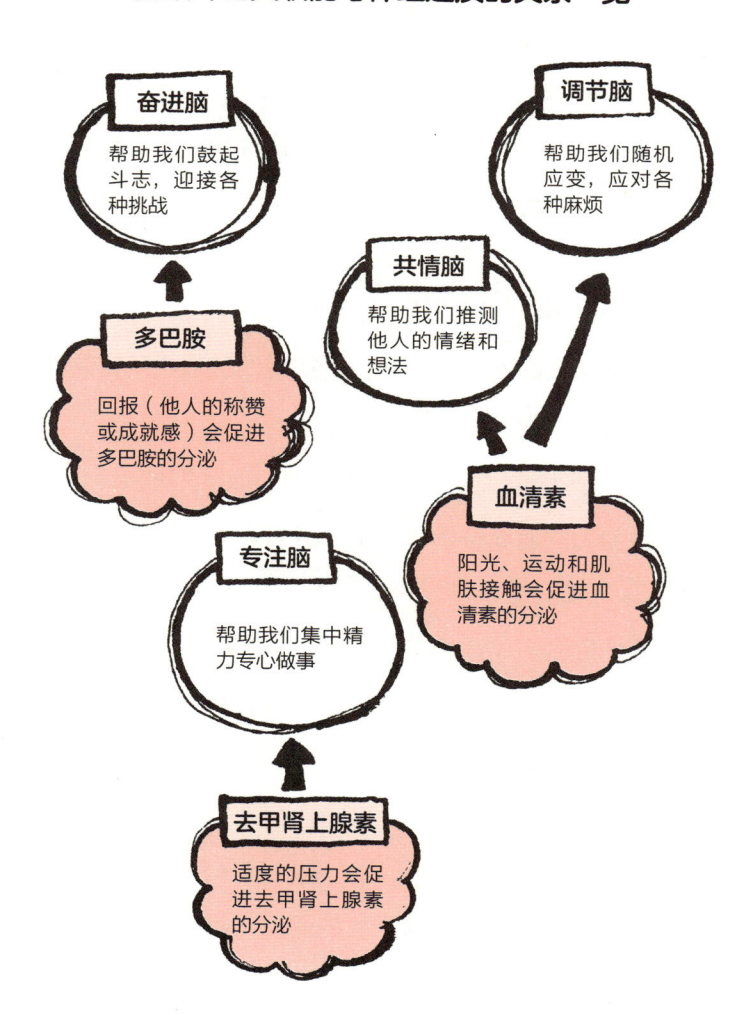

奋进脑
帮助我们鼓起斗志，迎接各种挑战

调节脑
帮助我们随机应变，应对各种麻烦

共情脑
帮助我们推测他人的情绪和想法

多巴胺
回报（他人的称赞或成就感）会促进多巴胺的分泌

血清素
阳光、运动和肌肤接触会促进血清素的分泌

专注脑
帮助我们集中精力专心做事

去甲肾上腺素
适度的压力会促进去甲肾上腺素的分泌

有效的夸奖和鼓励能够提升孩子的拼搏能力

要让孩子在顽强的意志下鼓足干劲奋发向上,我们就必须激发多巴胺的活性,使得奋进脑的功能得到锻炼。

能够激发多巴胺活性的,便是回报。

在目标实现的时候或者在目标实现的过程中所得到的东西,都可以称之为"回报"。

对于孩子来说,回报其实就是他们取得的成果和奖励,比如一番努力之后获得的优异成绩或者表彰、完成某件事情之后获得的成就感或满足感等,都是他们得到的回报。此外,妈妈的喜悦、学校里的小红花、得到的称赞或感谢、他人口中的加油和鼓励、收到的零花钱或者礼物等,这些也都可以称为回报。

对于回报的渴望,能够大大激发孩子的动力。究其原因,就在于获得回报后大脑产生的愉悦感能够有效激发多巴胺的活性。

1岁左右，孩子开始站起身来蹒跚学步。在这一阶段，父母越是拍手称赞孩子"走得真好"，孩子越会高高兴兴地越走越起劲。

毕竟，父母的笑脸对孩子来说是一种回报，同样也是激发体内活力的原始动力。

在看到父母欢欣雀跃的表情时，孩子也会开心不已，其大脑随之分泌的多巴胺则会刺激孩子产生"继续走下去"的想法。

比起收获和成果，女孩更希望别人表扬她努力的过程

"称赞"是激发多巴胺活性的一种最为简单有效的方法。

血清素的作用往往会使得女孩更希望得到理解和共鸣，所以与只看重结果的价值观相比，她们更希望别人能够欣赏自己努力的样子和过程，而这同样可以成为刺激女孩不断成长的动力。

从脑科学的角度来看，育儿专家和教育学者们经常提到的"正向鼓励"确实是一种非常正确的教育方式。

然而，此前的传统教育模式却与之相反。人们大多喜欢用"不行""不可以"等斥责的方式给孩子施压，迫使他们不得不开始学习。

这样的做法是极其糟糕的。对于孩子来说，别人的称赞是他们得到的一种回报，而这种回报能够有效地刺激多巴胺的分泌，让孩子鼓起干劲，朝着目标继续努力。

在希望孩子能够主动一些、多加努力的时候，父母很可能会试着通过唠叨的方式来激发孩子的斗志。但是，不管孩子听到了多少唠叨，只要孩子的大脑里没有因此而获得快感，多巴胺便无法被激活，孩子自然也就很难获得巨大的进步。

如果父母一直都在不停地说教，孩子的大脑甚至可能会变得一片空白。从脑科学的角度来看，这样做自然不可能激发出任何的斗志，可以说是有百害而无一利。

比如孩子的成绩从 70 分上升到 80 分的时候，板着脸表示"你才多考了 10 分"与开心称赞"你居然多考了 10 分"，二者对于激发孩子鼓起干劲继续努力的效果存在着巨大的差异。

对于成年人来说，如果别人对自己做的菜品一直吹毛求疵、抱怨不已的话，你是不是也会失去做饭的动力呢？与此相对，哪怕得来的只是简单的一句"太好吃了"，我们也会觉得心情舒畅，甚至还会为了做得更好而花费时间提升自己的厨艺。

别人的称赞能够有效激发多巴胺的活性，令人切实感受到愉悦的快感，从而萌生出继续努力的动力。事实上，这也正是多巴胺的工作原理。

在目标实现之后，伴随着多巴胺的分泌，我们的心里会涌起一种愉悦感。在这种愉悦感的刺激下，我们会继续设定新的目标，并为了实现这一目标而不断努力。这种良性循环一旦形成，孩子就会自发地努力向前，自然也就不需要父母过多干涉了。

要想形成这种良性的循环，首先就要学会称赞孩子。

学会让孩子自己设定目标，尤其不要让他们感觉自己是被逼着往前走的

对于青春期的孩子来说，要想提高他们的多巴胺活性，除了在生活中学会称赞他们之外，还有一个很重要的方法。

那就是，要让孩子自己设定目标。

在奋进脑的作用下，主动努力的孩子和被人推着赶着消极努力的孩子，其大脑所发挥的作用也是不一样的。

比如孩子定下了目标，要把一整套自己并不喜欢的数学练习题全部做完。

在面对这套数学练习题时，尽管最初可能会有些不想开始，但是"妈妈肯定想不到我会全部做完……加油加油！"的想法往往会激发孩子鼓起干劲，而那种"不想开始"的想法也会转换成一种主观的特殊压力，从而刺激多巴胺发挥作用，使得奋进脑能够更好地工作，也会令孩子处在斗志昂扬、充满干劲的状态。

这种主观的压力也是提升孩子主观能动性的一种动力。

与此相对，如果孩子是在父母的要求下不情不愿地开始做数学练习题的话，这种负面的压力就会使得孩子体内的去甲肾上腺素开始分泌，大脑也会随之陷入一种极度不安的紧张状态。

因此，虽然同样都是做一套数学练习题，但是根据孩子感受到的压力的不同，大脑的状态也会出现"充满干劲"或"紧张不安"的情况，做数学练习题的结果自然也会截然不同。

早睡早起、户外运动和肌肤接触，都能够大大促进血清素的分泌

负责沟通交流、稳定情绪的共情脑和负责控制暴躁心情的调节脑，是孩子在发育过程中需要特别关注的两种大脑职能。

正如上文所说，虽然与男孩相比，女孩体内较高的血清素水平往往会使她们具备更为发达的共情能力和调节能力，但是在生活习惯和所处环境对于儿童大脑的影响和改变上，男女性别上的差异却并没有造成太大的不同。

我们不仅需要刺激血清素发挥活性，而且还要不断完善大脑的共情和调节能力。具体来说，我们可以通过三种方式来实现这一目标——早睡早起、户外运动和肌肤接触。

也许有人会觉得这些方法过于简单，但其实只要用心去留意这些简简单单的小事，便能够确实有效地提高孩子的血清素能力。

明媚的阳光能够帮助孩子稳定情绪

让我们先从"早睡早起"讲起。

人们常说,要想让孩子长得结实,就要"早睡早起,吃好早饭"。的确,只有养成良好的生活习惯,孩子的身心才能够健康发展。不仅如此,早睡早起对于激发血清素的活性也十分重要。

究其原因,就在于阳光能够有效地激活血清素发挥作用。

早上起床时如果能够看到蓝蓝的天空,我们的情绪也会跟着放松下来,仿佛马上就会有好事发生一般。与此相对,如果天色昏暗阴沉,我们的心情也会随之沉重起来。之所以会出现这样的情况,原因之一就是阳光的减少会使我们体内血清素的含量降低。

此外,在光照时间较短的冬季,很多人都会出现闷闷不乐的"冬季抑郁",这也同样反映出了阳光与血清素之间的紧密联系。

也许大家会觉得奇怪,阳光居然还能对我们的情绪产生影响。

那么，阳光是如何作用于大脑的呢？事实上，光线进入眼睛后，最终到达视网膜。在视网膜接收到2000~3000勒克斯的太阳光照强度时，脑干中与血清素相关的神经就会受到直接的刺激，从而促进血清素的分泌。

可能有人会想，如果在房间里装上明亮的灯具，是不是能够产生同样的效果呢？然而，阳光与灯光截然不同。

在一般情况下，晚上客厅里的灯光强度一般在300~500勒克斯上下，但无论在阴雨天气还是在晴天的树荫底下，阳光的光照强度都能达到或超过10 000勒克斯。如果是在晴朗天气下受到阳光直射的话，光照强度甚至可以达到10万勒克斯。也就是说，达不到2000~3000勒克斯强度的光照，肯定是无法代替阳光发挥作用的。

清晨早早起床，在拉开窗帘的瞬间，充足的阳光便会一下子铺遍整个房间，为激活血清素带来很好的效果。

所以，我很希望大家能够在闲暇时花上15~30分钟外出散步或者做做拉伸，而这种习惯的养成也能帮助我们尽情享受阳光带来的恩赐。

事实上，如果在一天开始的时候就借助阳光激活血清素的话，一整天的活动便能完成得更为出色。心情愉悦，学习

早睡早起能够促进血清素的分泌

在视网膜接收到 2000～3000 勒克斯的太阳光强度时,大脑的中枢神经就会受到刺激,从而促进血清素的分泌。清晨早早起床拉开窗帘,瞬间铺满整个房间的阳光能够激发血清素一整天保持活性。

起来自然也会更为得心应手。

户外运动能够很好地激发血清素的活性

户外运动或散步同样属于能够激发血清素活性的"韵律运动"。

一提到韵律运动，可能有人就会将其想象成伴着音乐跳舞的活动，然而我们其实并不需要对动作做出具体的要求。

自孩子蹒跚学步开始，走路、跑步、骑车、游泳等，这些我们在日常生活中随处可见的活动，其实都能够有效地激发血清素的活性。

对于小学生来说，不管是活力满满地跑来跑去，呼哧呼哧地喘着粗气，还是开开心心地唱着歌曲，吹着竖笛演奏音乐，全都属于我们所说的韵律运动。

还有一种听起来有些让人觉得不可思议的韵律运动，就是充分地咀嚼食物。除了吃饭之外，嚼口香糖也能激发血清素的活性。因此，很多运动员之所以会在比赛过程中通过嚼口香糖的方式放松心情，其实也与血清素的激活方式密切相关。

我们研究室曾经就"阳光下的奔跑能否真正改变一个孩子"展开过相关的研究，而且这项研究也获得了日本文部科学省科研经费的支持。

具体来说，我们在日本全国 180 余家幼儿园开展了一项名为"体育转转跑"的项目，要求园内 3~6 岁的孩子在早上 30 分钟时间里自由奔跑，并对其结果进行了分析。研究表明，参加这一项目的孩子不仅日常表情变得更为丰富，请假或争吵的情况得到了缓解，而且很多孩子还学会了体贴和关心他人。

这项研究可以证实，只是"30 分钟阳光下的奔跑"这样一个简简单单的措施，其实就能有效地促进孩子体内血清素的分泌，帮助他们更好地实现情绪上的平衡和稳定。

因此，要想让青春期的女孩充满活力，家长就应该尽可能地让她们多多出门玩耍。虽然在小学高年级以后，孩子在外面玩耍的机会越来越少，但是至少在孩子在校的时间——除了体育课之外，也应该让他们多多利用社团活动或是中午午休时间进行户外活动。

这样一来，孩子的血清素水平就会得到提升，情绪也会随之稳定下来，就算遇到了不愉快的事情也能够从容应对，恢复生机和活力。

就算孩子已经长大了，肌肤接触也是十分重要的

促进血清素活性的第三点就是肌肤接触，也就是我们所说的"爱抚"。

肌肤接触能够滋养孩子的大脑，治愈他们的心灵。相信父母在养育孩子的过程中应该都已经意识到了这种做法的好处。

在孩子还小的时候，只要轻轻地握住他们肉嘟嘟的小手，我们的情绪就会很快地稳定下来。望着孩子熟睡的面庞，抚养孩子的疲惫也会跟着一扫而光，心里只感到温暖与欣慰……

人们常说孩子就像天使一般。此时此刻，你是不是也感觉自己的孩子正是如此呢？

事实上，父母之所以会感觉到平和与温暖，其实正是父母与孩子的肌肤接触促进了大脑中血清素的分泌。

肌肤接触带来的治愈效果能够对压力起到很好的缓解作用。除了人之外，这一作用也在猴子的身上得到了体现。

众所周知,猴子是一种群居性动物。与人类社会的结构相似,猴群中也存在着上下级关系和同级关系。因此,猴子也会感知到一定的压力。有研究表明,猴子"梳毛"的目的之一就是通过肌肤的接触来缓解群居生活中产生的压力。

站在人类社会的角度来看,梳毛其实更像是一种彼此间的嬉戏,而且也是一种能使参与双方都得到治愈的血清素式行为。

像哄睡婴儿一样,轻轻地拍拍孩子

肌肤接触的场景越多,孩子的安全感和协调性就会越强。

不过,肌肤接触并不是不讲章法,而是存在一定的技巧。胡乱摩挲只会让人身体紧张,容易起到反效果,应有节奏地轻轻拍打孩子。而且在拍打时,我们还要注意尽量缩短每次肌肤接触的时间。

具体来说,这与哄孩子睡觉时轻轻拍打孩子的做法几乎是一样的。

我将这种方式称之为"轻拍式肌肤接触"。很神奇的是,这种肌肤接触不仅能够消除孩子内心的厌烦和戒备,而且还会让他们放松情绪，感到安心。

这时如果能够面对面地看着对方，肌肤接触的效果也会更为明显。看着对方的表情，轻轻地拍着对方，便足以为孩子营造一种安心的氛围。

可能有家长觉得，尽管明白了肌肤接触的重要性，但是家里的孩子都已经到青春期了，现在再这样做会不会太迟。

事实上，我们大可不必有这样的顾虑。

肌肤接触并不存在"太迟"的说法。

除了亲子关系之外，兄弟姐妹或亲朋好友之间、队员与队员之间，甚至人与宠物之间也同样如此。

即便各自的年龄或所处的场合有所不同，即便选择的对象或形式多种多样，肌肤接触对于血清素活性的刺激作用却都是相同的。

如果后悔自己以前没能和孩子有较多肌肤接触的话，我们也可以借着"撒娇"的由头，给彼此间的肌肤接触稍稍增加一些机会。

比如，我们可以趁着孩子早上要去上学的时候，站在家门口轻轻地拍一拍孩子的肩膀，道一声"路上小心"。如果发现孩子回到家时有些闷闷不乐，我们也可以默默地轻拍孩子的后背，而不是一脸愁容地不停追问孩子到底发生了什么。

就算孩子对此表现得一脸嫌弃，仿佛是在叫你别来烦他，肌肤接触的刺激和父母的心情仍然能真真切切地传递到孩子的脑中。不久之后，孩子应该就会慢慢敞开心扉，将遇到的事情一点一点地讲给大人听了。

闲聊同样能够促进孩子共情脑的发育

即便没有直接的肌肤接触，和孩子处在同一时间和空间，同样也能激发孩子体内的血清素发挥作用。

相信各位妈妈应该也都有过类似的经历——和朋友或邻居待在一起拉拉家常，心情也会跟着轻松不少。

电话聊天同样如此。事实上，女性总是会在电话里聊上很久，时间长得甚至会让人觉得有些不可思议。她们聊起正事不过也就两三分钟，剩下的时间全都是一些家长里短的闲谈。即便在男性看来这是在浪费时间，但是对于追求共情的女性来说，这种闲谈其实是她们用于维持情绪稳定的一种"肌肤接触"。女性每次在挂断电话之后心情总是会愉悦许多，便是这一说法的最好证据。

因此，在同一时间或空间内的和睦共处，也可起到与肌肤接触类似的效果，可将其视为肌肤接触的一种形式。

对于一个家庭来说，最重要的便是"一家团圆"。全家人聚在一起共同度过的短暂时光，是每个人心中极其宝贵的经历。

一家人坐在客厅喝茶，不时轻松惬意地闲聊几句，这样的美好时光也是最具疗愈效果的。

如果家有女孩的话，不妨试着母女二人齐心协力做上一顿饭。妈妈不仅可以教给女儿做饭的步骤，女儿也可以大胆创新，尝试做出新的口味。而且在做饭的间隙，两个人还能说一说学校的趣事，聊一聊喜欢的明星——这种母女间的闲聊不但是一种非常棒的"肌肤接触"，而且还能使家庭成员之间的交流变得更为丰富有趣。

培养孩子的专注能力时，切记不要大包大揽、面面俱到

专注脑的职能强弱直接关系到孩子的日常学习，因此也得到了父母的关注。

事实上，专注脑主要负责帮助我们理性地展开相关的活动。比如在学校认真听老师讲课，仔细阅读数学题目或大声朗读课文，都需要专注脑来发挥作用。此外，专注脑还会受到去甲肾上腺素的影响。

为什么越是来不及了，事情反而做得越快？

适当的压力能够促进去甲肾上腺素的分泌。

以一天的早晨为例，早上孩子是会自己起床，还是需要父母到了时间去叫醒他们呢？不管什么样的家庭，在将孩子送到学校之前的这段时间应该都会手忙脚乱，心情也会一直处于紧张的状态。

"快点起床，快点换衣服，快点洗好脸去吃饭，有没有忘带东西？"事实上，紧盯着时间不停念叨着不要迟到的人

并不是孩子自己，而是他们的父母。

对孩子事无巨细的照顾往往会使父母的心理压力陡然上升，从而大大调动了专注脑的活性。从这个角度来看，父母是不是也会觉得自己在送孩子上学之前的这段时间里总是能够手脚麻利、头脑清醒地将事情做好呢？

相信大家经常有这样的感觉，即越是时间紧迫的时候专注力越强，工作也会完成得越快。比如原本打算上午搞搞卫生迎接下午客人的来访，但是就算不知不觉间忘记了时间，我们也能赶在客人马上就要到来之前迅速打扫完毕。仔细想来，这也是适度的压力成功调动专注脑的结果。

孩子也是如此。

所以，早上的时间如果能让孩子自己安排，这种适度的压力反而能让他们很快涌起干劲，头脑迅速清醒，大脑也能更好地发挥作用。同样的道理，如果在做数学习题时不是漫无目的地随意刷题，而是让孩子提前定好计划，要求自己在几号之前完成多少页的内容，孩子便可以按照计划奋发努力，成绩也能很快提高。

相反，如果父母事先将所有的准备工作全都事无巨细地包办，孩子便会拖拖拉拉迟迟不肯采取行动。

众所周知，对老年人的照顾太过体贴周到，老人生理和心理上的相关机能便会开始逐渐退化——照顾孩子时也是如此。在缺乏适度压力的情况下，孩子的专注脑无法被激活，长大后也容易成为缺乏判断力和行动力的平庸之辈。

所以，父母应该用心观察孩子的成长状态，了解孩子的能力范围，尽量不要插手，让他们独立地完成力所能及的事情。

为了让孩子长成一个不会出错的乖孩子而选择大包大揽的做法，其实是害了孩子。

对孩子真正的疼爱绝不是面面俱到，而是应该鼓励他们勇于尝试，使他们在长大以后能够具备极强的专注能力并积极投入。

在可以听到厨房声响的客厅里学习，要比在书房里学习更为高效

既然提到了"事无巨细"，孩子的房间自然也是我们必须考虑的一项内容。在我看来，小学阶段的孩子其实并不需要自己的房间。

反过来说，如果孩子在很小的时候就拥有了自己的房间，拥有了脱离父母视线的自由环境，他们往往会沉迷于手机或漫画无法自拔，又或者在遇到问题时选择躲进房间，为长大以后变成宅女埋下了隐患。

可能有家长认为，在自己的房间里学习应该效率更高。

然而实际情况是，旁边有家人走来走去，又或是耳边会传来妈妈在厨房忙碌的"背景音"，都能够让孩子感觉到一种适度的压力，从而使得他们能够更为专注地学习。比起自己一个人孤身奋战，在有人的图书馆里自习往往进度会更快，其实也是同样的道理。

有杂志曾对日本东京大学的学生展开过一次问卷调查。其结果显示，小学阶段在客厅学习的人远远多于在自己房间学习的人。

在进入初中以后，孩子们大多会开始创建属于自己的世界，这时也确实需要拥有一个自己的独立空间。但是在此之前，就算家里已经有了孩子的儿童房，大人也切记不要让孩子一个人躲在里面。

在我看来，在客厅学习会更有利于大脑的生长和发育。

合成血清素时必不可少的三大营养物质

对于守护全家人健康的大人来说，应该都会比较关心大脑与饮食之间的关系。那么，女孩的心理健康会不会受到饮食的影响呢？如果是的话，又该吃些什么呢？从某种意义上来说，饮食调理可能是各位最容易开始着手的一种提升大脑的方式。

大家最为关注的，首先应该就是血清素这种在女孩成长过程中必不可少的物质是否可以通过食物直接获取。事实上，血清素确实可以从食物中获得。具体来说，由于血清素的分泌需要人体无法合成的一种氨基酸——色氨酸，所以我们必须通过饮食来摄取。

从食物的种类来看，豆腐等大豆制品、牛奶或奶酪等奶制品、鸡肉等肉类，以及坚果中都含有丰富的色氨酸。

不过，色氨酸的大量摄取却并不意味着血清素的增加。除了色氨酸之外，我们还需要维生素 B6 的参与才能实现血清素的合成，而且碳水化合物在这一合成过程中的协助和传递作用也同样不容小觑。

换句话说，只有同时具备了色氨酸、维生素 B6 和碳水化合物这三种营养物质，血清素才会增加。

富含维生素 B6 的食物有肉类、鱼类、坚果和香蕉等，而碳水化合物则包括米饭、薯类及面食等。

事实上，这些食物在我们的日常生活中都是十分常见的。

不吃碳水化合物的减肥方式会严重影响血清素的分泌

到了一定的年纪，女性往往会对控制体重产生浓厚的兴趣。有些方法是尽量减少碳水化合物的摄入，但是从大脑发育的角度考虑，这些方法却是存在一定问题的。过分控制碳水化合物的摄入会造成哪些影响呢？事实上，碳水化合物的不足会使得血清素无法充分合成，从而导致情绪低落。

此外，碳水化合物还能够迅速转换为葡萄糖，为大脑提供重要的能量来源。不仅如此，只有葡萄糖才能为大脑提供能量，蛋白质和脂肪都无法做到这一点。与其他脏器相比，大脑对葡萄糖的需求量最大，所以为了促进大脑的活性，早餐中的米饭或面包等碳水化合物也是不可或缺的。

处于青春期阶段的孩子往往会对他人的目光和评价非常在意，因此自然会更关注自己的身材。但是，在发育阶段不吃碳水来控制体重的做法却是值得商榷的。如果实在很想减肥的话，不妨试着戒掉蛋糕等零食来减少热量的摄入，至于碳水则还是应该好好吃的。

对于血清素的合成来说，以豆制品、乳制品、肉类和鱼类等蛋白质的摄入为中心，营养均衡地摄取食物就能够为其提供足够的原料。尽管并不存在能够促进大脑发育的某种特定的食物，但是合成血清素所需的三种营养物质却是人体所必不可少的。

从饮食的角度来看，保持均衡饮食的用餐习惯，其实就是一种很好的提升大脑的方式。

第五章 不利于女孩青春期成长的误区

不要因为上学就让孩子
"胡乱对付两口"

从上文可知,对于青春期的孩子来说,其实父母并不需要刻意去做什么,只要在日常生活中稍加注意,就能够让孩子茁壮成长。

我非常希望父母能够将书中的理论付诸实践,但是在此之前,我们还需要重新审视一下大家在育儿过程中的主观臆断或错误认知。

首先是饮食方面。

饮食生活的管理对于青春期女孩的大脑发育起着至关重要的作用,在上述章节中我们也已经为大家介绍了能够激发血清素活性的三大营养物质。事实上,在饮食上不仅需要关注吃什么,吃东西的方式也同样非常关键。

只有充分的咀嚼才能帮助血清素正常地发挥作用

在上文中我们提到,阳光、韵律运动和肌肤接触是激发血清素活性的三大重要因素。

对于韵律运动来说，除了走路或有节奏的呼吸之外，咀嚼同样也起到了非常关键的作用。充分的咀嚼有利于增强血清素的活性，还能帮助大脑功能实现健全和稳定，而且对人的情绪也能起到很好的安抚作用。

作为人类的基本行为之一，咀嚼应该并非难事。但是对于现在的孩子来说，他们却似乎并不会在吃饭时好好地咀嚼食物。

在中式菜肴中，总是会用到很多需要好好咀嚼的食材，比如富含膳食纤维的蔬菜等。然而，现在却有越来越多的孩子不愿意尝试这样的饭菜。

相反，他们往往更喜欢吃方便、柔软的食物，如快餐、意面或是点心等。

和大量使用蔬菜等食材的传统料理相比，在食用这些吃起来毫不费力的食物时，嘴巴咀嚼的次数会大大降低。

有调查表明，现代人的咀嚼次数已经远低于从前。现在我们吃一顿饭平均需要咀嚼 600 次左右，只有第二次世界大战前人们咀嚼的次数的一半。如果再向上追溯到更为遥远的时代，那时的古人吃一顿饭竟然需要咀嚼 4000 次左右。

仔细想来，那时的人们每天沐浴着阳光，进行有节奏的韵律运动，过着远比现代人更为自在的血清素式生活。

斗转星移，随着日常饮食和生活环境的改变，越来越多的人会在本就忙碌的一天中选择不断压缩自己的用餐时间。但是站在孩子大脑发育的角度来看，现在这种风气真的很难让人给出正面的评价。

总是一个人吃"小饭桌"还会导致共情脑功能的减弱

吃"小饭桌"时如果能和同学一起叽叽喳喳地边聊边吃，同样也能促进孩子体内血清素的分泌。但是，总是自己一个人默默地坐在那里吃"小饭桌"的话，又或是每天回家都是自己吃饭的话，血清素的分泌很可能会不足。

小学高年级阶段正是孩子刚刚进入青春期的时候，而且这一时期孩子的情绪也很容易发生波动，再加上很重的课业压力，所以如果在这一时期血清素分泌不足的话，共情脑的功能减弱，会使孩子更难维持情绪的稳定。

因此，希望大家能够创造条件，尽量每天都能有一次机会，让孩子和家人一起围坐在餐桌旁边享用美食。如果晚上不太方便的话，我们也可以试着将早餐调整成为"聊天式肌肤接触"的时间。

为了实现这一想法，我们其实只要在早上早起 15 分钟左右，就可以让全家人在清晨的阳光下坐在一起热热闹闹地吃上一顿早饭。此外，早餐中准备一些富含膳食纤维的蔬菜，可以帮助孩子有意识地养成咀嚼的习惯。

这种做法可以集齐阳光、咀嚼（韵律运动）和肌肤接触——促进共情脑发育的三大要素，是一种非常棒的用餐方式。

凡事要求尽善尽美的反效果

如上所述，阳光和韵律运动能够有效促进血清素对共情脑和调节脑发挥作用。

不过在具体的实践过程中，还是有一些需要大家注意的地方。

正所谓过犹不及，长时间的强烈光照或是高强度的连续运动反而会使分泌血清素的神经出现功能上的减弱。

这种减弱也被称为血清素的自我抑制作用。有时在达到极限之后，血清素甚至可能会停止分泌。

具体来说，负责血清素分泌的神经在长时间的刺激下会启动自我保护机制来维持机体的镇静，以确保神经的兴奋程度在可控范围之内。

如果希望通过运动激发血清素活性的话，满脸通红绕着操场不停跑圈的做法，其实是无法得到预期效果的。

真正的诀窍是，在短时间内集中进行某项运动。

以负荷较轻的肢体运动为例，认真坚持 15 分钟就能看到效果。如果是在早晨散步的话，只要坚持 20～30 分钟并将速度控制在能让身体微微出汗就可以了。

研究表明，韵律运动开始 5 分钟后血清素就会被激活，最长到 30 分钟足矣。因此，我们不必勉强自己做高难度的动作，重要的还是每天坚持。

无须太长时间，只要养成习惯。即便每天只有 5 分钟，坚持下去就一定会有效。

每天 5 分钟的情绪健康训练

晒太阳的时候同样如此。

过长时间的光照会促使机体启动自我抑制作用，反而导致血清素停止分泌。

因此，我们每天只需要将晒太阳的时间控制在 15～30 分钟左右即可。

当然了，不管阳光有多么重要，用眼睛直视太阳的行为都是绝对禁止的，否则一旦造成视网膜的损伤，后悔可就来不及了。

上下学时、户外玩耍或是体育课上，孩子能晒到太阳的机会理应会比大人多。只要充分利用好这些时间，哪怕家长没有刻意带孩子晒太阳的意识，孩子们每天应该也能够保证晒太阳的时间总计在 30 分钟以上。

血清素的激活并不会立竿见影。事实上，要想看到可喜的变化，我们最少要坚持 3 个月以上的时间才行。

此外，正像上面所说的那样，要是因为想要早点看到成果就一味地延长光照或运动的时间，最终不仅无法如愿，而且很有可能还会带来负面的效果。

如果一开始觉得每天 30 分钟的锻炼门槛过高，我们不妨先试着设定一个当下可行的目标，如每天运动 5～10 分钟，先坚持 3 个月再说。

坚持 3 个月，女孩的情绪就会出现可喜的变化

就算没有精确地定好每一次运动的时间，在临睡前听孩子讲一讲当天发生的事情，一天之中晒太阳的时间能有 5～10 分钟，韵律运动只要完成任意一项，一天的血清素指标就算是完成了。

这样的做法只要能够持续 3 个月,就算是取得了巨大的成功。怀抱着这样的信念,轻松愉快地坚持下去吧。3 个月之后,孩子一定会出现可喜的变化。

跳出"完美父母"的怪圈

对于父母来说,青春期是他们在育儿路上的一道难关。如前文所述,在青春期阶段,大脑会完成从孩子向成人的巨大转变。你会发现,此前一直"妈妈,妈妈"叫个不停,总是对你无条件信任并且乖乖听话的孩子,突然开始不再依靠父母了。

作为父母,在孩子的青春期同样必须学会转换思想。不过孩子到底还是孩子,总归涉世未深,有时彼此间发生一些冲突自然在所难免。

站在孩子的角度来看,在一生中共情脑功能最为敏感的青春期,他们渴望自己能够变得像大人一样。站在家长的角度来看,父母却总是不自觉地把孩子当成小孩儿看待。二者间的这种矛盾往往会在父母和孩子之间形成一种此前从未有过的微妙气氛。这时,父母又该如何应对呢?

对此,我的回答只有四个字。

坦诚相待。

电视剧《3年B班金八老师》之所以大受欢迎，甚至成了尊重孩子的代名词，其原因就在于这位老师并没有一味地把学生当小孩对待，而是能够站在平等的位置将自己的心里话开诚布公地全都告诉学生。

不妨直白地告诉孩子，父母同样也会有感到痛苦的时候

即便不是在校园电视剧中，父母的真诚同样可以赢得孩子无条件的信赖和尊敬。

然而，流于表面的话语和应对方式却是无法让孩子感受到真诚的。尤其是到了青春期以后，孩子对于字面意思和真实想法之间的差异更是心知肚明。

因此，能否顺利度过青春期这一令不少家长感到头疼不已的阶段，父母与孩子之间的沟通起到了至关重要的作用。话虽如此，其应对方式却是极其简单的。

具体来说，父母只要不加欺瞒地与孩子坦诚相待，学会在感到困扰或痛苦时直截了当地告诉孩子就可以了。

在孩子还小的时候，可能他们会觉得"爸爸妈妈什么都

会,什么都对,而且会一直保护我",但是现在孩子们已然知道,自己的父母并非无所不能的超人。

即便想在孩子面前展现出自己优秀的一面,即便表现得像是非常通情达理的样子,只要没有真诚的加持,青春期的孩子便可以很快看穿"父母的谎言"。特别是对于共情脑发达的女孩来说,更是能够敏锐地觉察。

在孩子心里,父母的这些行为和态度常常会让他们感到不满甚至厌恶。

一想到父母"话里有话""口是心非"的做法,孩子往往会产生不愿意听父母说话的想法。这样一来,亲子关系的修复也会变得更为艰难。

父母是孩子身边最近的"一面镜子"。

纵使有时会狂傲不已,孩子也依然涉世未深。作为父母,我们其实还有很多东西要讲给孩子听。

也正因为如此,我们才需要不加掩饰地让孩子看到父母也会在人际关系和职场生活上遇到困难,告诉他们成人的世界并不是那么一帆风顺,培养他们克服困难的决心和勇气,而这些也是为人父母的一项重要的职责。

在看到父母的另一面时，孩子可能或多或少会感到有些震惊。不过在升入初中之后，他们的心智便已经能够接纳并消化这一点了。

父亲角色的缺失对女孩产生的影响

从脑科学的角度来看,长大成人又意味着什么呢?

尽管要清晰准确地回答这一问题难于登天,但是如果在不担心误读的情况下非要给出一个定义的话,我的答案可能是这样的——长大成人,除了表明大脑机能在逻辑层面的高度发达之外,还意味着拥有一种不被外界状况所左右的平稳心绪。

虽然这一回答有些古板晦涩,但我们不妨先从现实社会的具体情况来考虑一下。

在步入社会之后,天不遂人愿的情况时有发生,常常会令我们感觉烦躁或是愤怒。但是作为社会的一员,我们却不能因此就精神崩溃,更不能从此意志消沉、一蹶不振。

对于站在成人世界入口的青春期女孩来说,我希望她们从现在开始就学着养成能够激发血清素活性的良好习惯,可以维持自己内心情绪的稳定。要想达到这一目标,除了父母的帮助和支持以外,父母自身的幸福程度也同样会对女孩大脑的发育产生重要的影响。

"催产素"能够使女性特质变得更为明显

"催产素"在这一过程中起到了至关重要的作用。

催产素因其与女性的密切关系而为人所知。除了在分娩时刺激子宫收缩之外，催产素还能够促进母乳的分泌。

相信很多妈妈都对催产素的上述机能有一定的了解。不过近些年来的研究显示，其实男性体内同样会产生催产素。

男性既不分娩又不哺乳，为什么体内还会有催产素呢？

其原因就在于血清素的激活机制上。除了生养婴儿之外，催产素还有其他的重要职能。

肌肤接触是激发血清素活性的三大要素之一。事实上，在肌肤接触这一行为与血清素分泌这一现象之间，正是催产素在发挥着重要的作用。

也就是说，肌肤接触首先会刺激催产素的分泌，然后借

夫妻间的信赖感能够促进孩子情绪的稳定

"关爱"和"信赖"能够有效促进催产素的分泌,而催产素又能激发血清素的活性。夫妻间和睦相处,家庭氛围温馨幸福,孩子体内血清素的活性也会随之得到提高。

由催产素对血清素神经的传导作用，促使血清素的活性得到提升。

激发血清素的活性离不开催产素在中间起到的传导作用，而"关爱"和"信赖"则能够大大提高催产素的活性。

女孩的情绪稳定，离不开父母之间的信赖关系

脑科学实验已经证实，情侣双方催产素分泌最为旺盛的阶段，就是他们亲密接触或与对方产生信赖的时候。

伴随着催产素的分泌，我们不仅会被温暖惬意的幸福感所包围，而且还会对他人产生一种信赖感。

同样的道理，夫妻之间彼此深深的牵挂，父母之间代表着关爱与信赖的激素——催产素的大量分泌，会让整个家庭的氛围更为温馨，随之而来的，是彼此之间自然而然地出现肌肤接触。这样一来，孩子大脑中能够维持情绪稳定的血清素也会被激活。

尽管养育孩子的重任往往都落在妈妈身上，但是与育儿之路上一个人孤军奋战相比，夫妻之间有商有量共同努力的

方式必然会产生更好的结果。因此,在育儿和教育领域提倡已久的夫妻共育模式,从脑内激素分泌的观点来看也是一种正确的做法。